あなたの
フェミは
どこから？

平凡社

目次

装画　宮岡瑞樹
装丁　鈴木久美

自分の岸辺からはじめる

安達茉莉子

昔から、フェミニズムやフェミニストという言葉が身近なものであったかというと、そうではない。フェミニズムは女性のためのもので、フェミニストとは、女性の地位向上、権利拡大や男女平等を求める女性のこと——あるいは、女性に対してやさしい男性のこと。大学でフェミニズムに出合うまではそんなイメージしかなかったように思う。もっと正直に書くと、フェミニズムに自分は入っていけないような、自分とは縁遠いものだと感じていた。

というのも、もともと私は自分が「女性」であることに対して、うまく折り合いをつけられなかった。性自認は「女性」だが、自分のことは「女」の出来損ないくらいに思っていた。「女捨ててるね」「お前、女じゃないよな」。そんなふうに言われたり、自分でもそう自虐的に言ったりしていた。

大学で行われた講演会に参加したとき、隣に座っていた友人が、手を上げて、「女性として、私は……について問題意識を覚えます」と堂々と英語で発言したことがあった。As a woman――女性として。私はそんなふうに、自分のことを「女性として」とはっきりなんの迷いもなく言ったことってあるだろうか。「As a human――人間として」なら、違和感なく言えただろう。だけど、「女性」というカテゴリーは、私が自分の属性を語るとしたら、最後の方にきそうなものだった。そこに葛藤がなさそうに見えた友人が眩しく思えた。

今思うと、自分をジェンダー属性に振りわけることにこそ違和感があった。だけど、当時は「女性であること」に対しての劣等感が大きかった。

幼少期から体格が良く、体型のことをしばしば言われてきた。「恥ずかしくないの？」「そんなんじゃあんたに彼氏なんか一生できないよ」「デブの体は醜いし、自己管理ができず努力もしない、だらしない人」「ごめんね、はっきり言うけど、あんたを好きになる人なんていないよ」「デブってだけで、就職には不利よ」なんて。

いろんな人に投げかけられた言葉に対して、まあ実際そうだろうなと思っていた。一念発起してダイエットするが、またリバウンドする。変わらないといけないのに、変われない。そんな自分が情けない。体型だけではない。「女なのに、気が利かないね」。そんなふうに言われたこともあった。自分が女として、誰かに喜ばれることはないように思えていた。

一方で、キラキラして見える同年代の女性たちはたくさんいた。小綺麗で、賢く、上品で、愛嬌があって、空気が読めて、うまくやって、子供はいつ頃ほしいと計画を立てて、「女」をまっとうし、謳歌している。彼女たちはどんな門も通れるだろうし、社会は彼女たちを歓迎するだろう。空気を読めず、人が当たり前にできることをうまくやれない自分が、その中に入っていけるイメージが全然なかった。男になりたいとは思わなかったが、「女」というカテゴリーが存在すること自体が苦手で、それゆえに、フェミニズムは余計に遠いものだった。

――さて。こうして書いてみると、一体、何を言ってるんだ？　と思う。

時間を止めて、この頃の自分とゆっくり夕方の芝生にでも並んで座って、コンビニでからあげとかホットのお茶とかを買って、空や飛行機を見ながらひとつひとつ、ポツポツと話を交わしに行きたい。

フェミニズムって、そういうことじゃないし、あなたがそう思わされてること自体が、フェミニズムが向き合ってきたものなんだよ。

そう言ってあげたくなるようになったのは、そんな私にこそ届いたフェミニズムがあったからだった。未来の自分がからあげ片手にやってきて語りかける代わりに、私が出合ったのは一冊のフェミニズムの本だった。

大学のある授業で『フェミニズムはみんなのもの――情熱の政治学』(堀田碧訳、新水社)という本が課題図書に指定された。その講義はフェミニズムに特化したものになっていたわけではなく、植民地主義や、移民を余儀なくされた人たち、歴史修正主義、沖縄の基地問題などについて、文学や映像作品、音楽を通して学び、考えるというものだった。

フェミニズムの本かあ、と最初はただめくっていたが、読み進めていくうちに、自分の内側がヒヤッとしたり、心臓がどくっと反応するのがわかった。著者は、黒人女性であり、ブラック・フェミニストであるアメリカ人のベル・フックス。

「……わたしたちはみな、女であれ男であれ、生まれてからずっと性差別的な考えや行動を受け入れるよう社会化されている(中略)。その結果として、女性も、男性と同じように性差別的でありうる」

「集団としての男性は、男性は女性よりも優れているから女性を支配すべきだという思い込みのもとに、家父長制からもっとも利益を得てきたし、いまなお得ている存在である。だが、その利益は代償をともなっている」

「フェミニズムとは、性にもとづく差別や搾取や抑圧をなくす運動のことだ」

心臓がどくどくしたのは、まさに自分のことを言われていると思ったからだった。自分が性差別的な価値観を、ずっぽり内面化して生きてきていたと、はっきり気づいた。幼い頃から、男性に直接的に性差別的なからかいの言葉を投げつけられてきた。だけど、振り返ると、性差別的な言葉を日常的に投げつけてきたのは、私より立場の強い、年上の女性でもあった。あんた、彼氏できないよ。そんなことじゃ生きてけないよ。なぜ、彼氏ができることと、私の一生はセットで語られるのだろう？　なぜ、そんなことを私に言っていいと思ったのだろう（それはもちろん、彼女たちもまた当たり前にそう言われてきたからだ）。

だけど何より、自分が「女を謳歌している人」と言うときの「女」、「社会は彼女たちを歓迎する」と言うときの「社会」、それらは全部、男性中心主義の価値観にもとづくものだと気づかされた。女は、男に承認されてこそ意味があるのだと私自身がそう思っていた。しかも、私が当時考えていたキラキラした女性像は、自分でも恥ずかしいほどに、エリート主義的な見方を反映していたと思う。自分もまた、労働者やマイノリティの視点を排除して、女性というイメージを作り上げていたのだ。

ベル・フックスは性にもとづく差別や搾取や抑圧の代表的なものとして、「家父長制」をあげている。家長の強い権力で家族を支配統制するシステムであるその言葉を、耳にしたことがなかったわけではない。だけど、初めてこの本の中で、その意味をちゃんと理解したとき、私はこらえきれず、声をあげて泣いていた。そのシステムをよく知っていた。どんな社会にもあると思う。「家長」の鶴の一声で決まる社会。気に入らないと機嫌が悪くなり、それは構成員のせい。構成員は、従わなければいけない。

家長は、何も直接の家族というわけではない。私は、いろんな人を自分より「上」だと考える癖があった。強い劣等感があり、目の前の人は正しく、自分が間違っていると感じる癖。特にアルバイトやサークル活動など、上下関係があるときはわかりやすくそうなった。その人に承認されることを望み、そうされないと著しく不安になる。そうした支配関係にもとづく考えを、私は普通の人間関係にも適用してしまっていた。

雰囲気が悪くなると道化役に徹して場を和ませたり、先回りして人の期待に応えるような生き方に囚われてしまったり、目の前の人が不機嫌だと、自分のせいかと思って強い不安に襲われたりしてしまう。それは家父長制のルールが深く私に根差していたからかもしれない。

泣いたのは、自分が抑圧そのものの構造を否定するのではなく、努力してその枠組みの中で「良き女」になろうとしていたからだった。受け入れられようと頑張ろうとしていた。それはつまり、生きづらさに苦しみながら、頑張ってその抑圧の構造を維持しようとしていたということだった。

私のフェミニズムは、そんなふうに、自分の内側を見つめるところからはじまった。生きづらさから解放されるためのものとして出合ったのだ。そして、自分自身と自分の「性」を、誰の承認も必要とせず、ただあるがままに、まるごと受け入れていくために、フェミニズムは補助線となってくれるものだった。

その後イギリスに渡り、大学院でジェンダーのコースをとり、いろんなフェミニストの友人ができた。コースの学生の半数以上は「第三世界」と呼ばれる、欧米圏ではない、いわゆる発展途上国から来ていた。多種多様なバックグラウンドと、多種多様な抑圧の中を生きてきていた。だけど皆、自由な精神と魂の持ち主だった。

そんな自由な人たちに触発されたのか、イギリスにいる間、それまで日本で苦しんでいたことが、すべてむなしくなっていった。自分の性を、男性に認められるとかどうとか、随分狭くて、しょぼくて、くだらない場所に閉じ込めていた。つまらなくて、発展性のないものに、随分長く、自分自身の生命エネルギーを費《つい》やしていた。

「私は私のままで私!」とはいきなりならなかった。

まず、自分には許されないと思っていた女らしい服装をガンガンしていくことからはじめた。口紅を塗ったり、アイラインを引いてみたり。体のラインが出る服を着てみたり。次第に、それらは全部「これは女装だな」という感覚に変わっていった。修道女みたいな服装、かっちりしたスーツ、気が向くままに、いろんな女装を試した。現在もその感覚で歩いている。大学院のあったブライトンの街をジョギングで走り回って、自分の体型が変化するのを鏡で見て楽しんだ。私の精神や魂は、鏡に映る顔や肉体よりも、もっとわかりにくいもので、そしてそれでよかった。私という存在以上に、私の性を説明するものはない。だけどその前に、まず私は私の性を、思うままにひらいてみたかった。どんなふうになる？　自由って、どんな感じ？　何でもやってよくて、どうあってもいいって思えたら、どんな感じ？

自分のことを「女」だと思えなかったと書いたが、いつからかもう、そう思うことに特別な意味を見出さなくなった。そこに葛藤がなくなっていったのだ。

時代は変わってきたと言われるし、私もそう思う。だけど、依然として、性にもとづく暴力や差別、搾取、抑圧はいたるところにある。資本主義的な「生産性」、新自由主義的な「自己責任論」は性差別と仲が良く、「可愛くなる努力をしないなら応援できない」なんて、今だってよく聞く。

性加害をする方ではなく、された方に問題があったとする風潮。

外見至上主義、ルッキズム。

男性を「立てる」文化。

同じことを女が言ってもだめで、男が言うことなら耳を傾けられる風潮。

男性ばかりの座組には何も言われないのに、女性だけの座組には批判がある風潮。

「男」らしくないと批判されてしまう男性。

「彼氏」がいないことをやばいことだとする風潮。

整形することを「かわいくなる努力」と呼ばせる社会。整形した人にスティグマを与える社会。

トランスジェンダーを認めずに、矯正し排除する言説。


時代の変化は、感じられるだろうか？

時代の変化を感じるとき、それは自分の半径数メートルの世界で起こるのだと思う。

フェミニズムの入り方は人それぞれでいい。自分の岸辺からはじめることには意味がある。他ならぬ自分自身を、そうした抑圧性の輪から、ひとつひとつ解き放っていくことからはじめる。自分の内側にある抑圧、傷ついたけれど言えなかった経験を、なかったことにしないで、ひとつひとつ見てみる。その経験を人とシェアしてもいいし、難しかったらノートに書き出してみてもいい。

誰かひとりが変わると、必ずそれは伝播していく。誰かが自分を許したとき、別の誰かも、自分もそうしてもいいかなと思える。どんな自分であっても、ただ生きられる社会は、そうやって少しずつ生まれていく。まず自分から、はじめよう。私のフェミニズムはそんなふうにはじまっている。

やばい間違ったかも、と震えてはじまることもある

松尾亜紀子

あ、結婚ですか？　してません。子どもたちの父親とはパートナーとして一緒に暮らしてますが、籍は別です。同性婚は一刻も早く認められるといいですが、国家が私的な領域に法的に介入する婚姻制度とはなんなのかは問いたい。天皇制と家父長制を温存する戸籍システムも、なくすべきです。

……と、いまでこそ、フェミニスト出版社の代表然とした態度で生きているが、ほんの6年前に離婚届を出すまで、わたしは思いっきり法的に「結婚」していたし、戸籍上は相手の姓でもあった。素敵な白いドレスを着るために二の腕を鍛えあげて結婚式も挙げたし、当時勤めていた会社からはお祝い金が支給され、パーティまでしてもらった。せっかくならとやってみた一連のあれこれは、実際とても楽しかった。

名字の選択も、わたしは三姉妹の長女、相手は三兄弟の長男、うちの九州の両親が菓子折りもって頭下げに行けばこちらの名字にならんこともないが、もういいや、そっちのほうが面倒だ、と最初から投げた。仕事では「旧姓」が使えるわけだし、そもそも今だって父親の名字だし、公的な名前くらい譲ってやりますよと。

けれども、イベントごとが終わって、役所で婚姻届に印鑑を押すだんになって、自分の手が嘘みたいにブルブル震えたのだった。他人の名前になるなんて嫌すぎる、これは、これまでの名を自ら手放して、主をつくりますというサインだ、わたしはなにをやってるんだと、ものすごい後悔で吐きそうだった。でも、証人としてついてきたお互いの母親がそばでニコニコ笑っていて、いまさら引き返せないと、別の手で無理に押さえつけて捺印した。

それからおよそ10年間、役所はもとより、病院、銀行、子が生まれたあとは、保育園、小学校その他、仕事以外の公的な場所で「××さーん」と夫の姓で呼ばれるたび、違和感は消えるどころか少しずつ積もっていった。子どもたちはふたりとも最高で大好きだが、同じ名だからという理由で幸せなんて感じず、だからといってそんな理由での離婚もためらわれ、ただ名を奪われたという恨みと後悔があった。

わたしの改姓は同意のもとだったのだから、恨まれた夫の人にとってはずいぶんと迷惑な話だったたと思う。

結婚して9年後、前の会社を辞めて自分の出版社を立ち上げるとき、会社の代表名だけは戸籍名で登録したくないと、ようやく離婚したいと伝えたら、彼の「家族の関係がこれまでと変わらないなら全然ＯＫ！」みたいな爽やかな対応に、タタリ神になる寸前だったわたしは、両者の「これまで」の違いにガクッとなった。

会社立ち上げの準備中、わずかな期間だけ入った国民健康保険の、これまでの社会保険では自分の名前が入っていた領域に、「扶養者」たる夫の名が書かれている様にも、実際に目にすると衝撃が大きかった。わたしの形相に、市役所のカウンターのおじさんが、ご不満でしょうけど我慢してくださいね、となだめるように声をかけてきて、不満を生む制度だとわかってはいるんだな、とぼんやり思った。

（この話は、松田青子さんの『自分で名付ける』〔集英社文庫〕というエッセイ本に、ある友人のエピソードとして載っているので、そちらも読んでみてください。松田さんは、結婚しないで子を産むし、名前も自分も一貫して他人に渡さない。かっこいい、わたしも最初からこうありたかったなあと思うがしかたない）

さて、わたしのフェミはどこから？　という話です。

結婚してからおよそ1年後に、わたしには、はじめて「わたしはフェミニストだから」と行動する同世代の友達ができた。彼女、Ａちゃんは女性たちの運動や活動を教えてくれた。ある日、Aちゃんに連れられ、おそるおそる上野千鶴子さんのゼミを聴きに東大に行ったとき、そこで、まさに冒頭に書いた家父長制と結婚制度の話が出てきた。急に恥ずかしくなって、後ろ手にそっと薬指にはめていた指輪を外して、ポケットに隠したのを覚えている。

そこからいろんな出会いがあり、編集者としてフェミニズムの本をつくり出した。フェミニズムは知れば知るほど、これまでのアレはこういうことだったんだ！　という気づきをくれた。フェミニズムで、自分をたどり直したとも言える。

生まれ育ったのは、出勤する父親を家族全員で三つ指ついて見送り、なにを言っても「生意気だ」と親戚に薄ら笑いされるような男尊女卑が染みついた土地だった。やっぱりどこかで、結婚はするものと思っていたのだろう。

10代も過ぎると自分や身近な人が性的な消費の対象とされて、暴力にさらされることが増え、うつうつとして大学の図書館で手に取った本でジェンダーの概念を知って、ものすごく感動した。これだけのことがわかっているなら、これから社会は変わるんだろうと思っていた。まさかそのあと、ひどいバックラッシュが始まるとは知るはずもなかった。

そして、当然、フェミニズムを知れば知るほど、なんてことやっちまったんだーーーと、自分の結婚と改姓への後悔は強まった。その後、わたしがわたしの名を取り戻せたことは本当に、心からよかったと思う。

一方で、フェミニスト出版社をはじめて6年目、書店を仲間たちと営んで、いろんなフェミニストに会って、しゃべって、本をつくって読む日々のなか、いま振りかえると、あの頃の自分は「理想のフェミニスト」像に囚われてしまってもいたんだなとも思う。結婚して、夫の姓に改名しているフェミニストなんてカッコ悪い、しめしがつかない、とイキっていた感じ。誰になにを示したかったのかと笑ってしまう。

先日、一緒に働くエトセトラブックス店長の寺島さんが、わたしやもうひとりのスタッフほたてさん(彼女も子がひとりいる)にしみじみと言ってくれた。自分はフェミニズムを知ってから長いあいだ、子どもを産んで、その父親と育てることなんてないんだろうと思っていた。だけど、身近で楽しそうに、家族の形もそれぞれに子育てしているフェミニストの仲間たちがいて、やってみようかと思ったと。

自分を失わない、損なわないと感じられていれば、それぞれの事情や思いで結婚しても改名しても、フェミニストであればフェミニストだ(もちろん、その権利を奪われている人たちの存在を知っておくのは必要だし、戸籍制度には反対!)。わたしのあの指輪だって、亡くなるまで金細工職人の現役だった曽祖父がつくってくれたお気に入りだったのだから、ここここそ隠さなくてよかった。

そして、これも、いまならわかる。これまでの歴史の流れにいるフェミニストたちも完璧でなかったり、失敗したりしながら進んできた。明確なはじまりや終わりはなく、誰かとわたしで続いていくものがフェミニズムのように思う。だから、これからも、笑ったり泣いたりしながら、仲間たちと経験を語り合っていけたらいい。だから、あのときの「あ、やば、なんか間違っちゃったよ」というマヌケな手の震えも、わたしの大事な過程のひとつとしたい。

ぬるっと出会って、ずっと繋がって

森山至貴

フェミニズムとの劇的な出会いみたいなものを感動的に書けたらよいのだけれど、私とフェミニズムの出会いは、必然的ではあるものの、ぬるっとしたものでもあったように思う。端的に言うと、私は大学の授業を通してフェミニズムに出会った。

「ゲイなのにほかのゲイといっしょにいることが苦しい、ほかのゲイがやっていることが僕にはできない」という苦しさでいっぱいいっぱいだった当時の私にとって、自分の生きづらさに対処するには、「自分以外にゲイが（あまり）いない、でもゲイに安全な場」が必要で、フェミニズムに関する授業はそんな私にとってまさにうってつけの場だった。研究者になりたいとも思っていた私は、そんな授業をいくつもそれなりに熱心に受講し、フェミニズムの思想を貪欲に吸収していったと思う。学生時代にはセジウィックの『クローゼットの認識論』やバトラーの『ジェンダー・トラブル』

の読書会も定期的におこなっていたし、食うや食わずの専業非常勤講師時代には、フェミニズムを教える授業も任されることがあったから、その準備という意味でもよく勉強はしていた。

「勉強」という言葉に否定的なレッテルは貼らないでほしい。学ぶことはいつだって重要だし、当時の私はフェミニズムを血の通った思想として、自分なりの実感を伴うかたちできちんと受け取っていたと思う（今もそれは変わっていないという自負もある）。ただ、かつての実感は、ある種の「お隣さん」意識に基づくものであることは言っておかなければならない。「ゲイも大変だけど、女性も大変なのね」とか「ゲイが苦しんでいるようなことに女性も苦しんでいるのね」といった経験と想像力に基づく類推こそ、私がフェミニズムにアクセスする唯一の経路だった。

ここまでが前置きで、私が本当に語りたいのはその先のこと、つまり私がフェミニズムと出会い直す過程の話だ。といってもここから先の話にも残念ながら劇的なところは何もない。

専業非常勤講師になる少し前、つまり博士課程を満期退学する少し前に、父が倒れた。脳幹出血だった。一命はとりとめたものの、体を動かすことも声を発することもままならず、病院での寝たきりの生活がはじまった。

機嫌が悪いと無口になり、母にとてつもない我慢を強いてばかりいた父のことを私は嫌いだった（父が亡くなった今も父を好きになったわけでも許したわけでもない、念のため）。ただ、介護を母に、つまり女性に任せっきりにすることの罪深さは理解していたので、足繁く見舞いに行き、手足を拭くなどの簡単なケアには自分なりに熱心に励んだ。

見舞いに行く私は、いつも「森山さんの息子さん」だった。至貴という名前を持った存在でもなく、「森山さんの親族（あるいは子）」という漠然とした存在でもなく、性別（と子という属性）だけをあてがわれた半透明の存在。男役割に安住してなるものか、と必死に時間をやりくりしながら見舞いに行くたびに、むしろ「お前は男なのだ、男であるということ以上の個別性を周囲に把握してもらおうとしてはならないのだ」と突きつけられる経験は、老い衰えゆく父のそばにいることのしんどさと相まって、私をすっかり打ちのめした。気が遠くなるほどの長い介護期間を経て、父の葬儀で「故人のご長男」として振る舞うことを繰り返し求められるところまで、この息苦しさは続いた。

今から思い返してみると、社会の求める「普通」の生き方から全力で逃げ続けることで自由気ままに生きていたつもりだった私が、社会の中に「男」という鎖でどうしようもなく繋ぎ止められていることをはじめて真剣に意識したのがこの時期だったのだと思う。今までさんざん「ゲイなんてろくな男ではない」と私に吹きこんで罪悪感を植え付けようとしてきた社会が、手のひらを返したかのように「いや、お前は男ですから、それ以外の何者でもないですから」と私を鎖で繋ぎ止め、都合よく飼い馴らそうとする。ふざけんな、と思う。

それから私は、「私自身が自覚し実感している以上に、周囲の人は私を男だと意識していて、そのことによって何らかの鋳型に私をはめているのではないか」と注意深く観察するようになった。いくつものエピソードが今でも思い出せる。たとえば今の職場ではこんなことがあった。私が厄介な仕事をしなければならないと知った同僚の教員が私に同情してこんな風に声をかけた。『『なんで俺がこんなことやんなきゃいけないんだ』って感じですよね！」ああ、この人は私のことを「自称が『俺』」であるような男性だと思っているんだ。私の自称は若い頃は「僕」で今はほとんど「私」、なんなら小中学生の頃には「うち」などと自分のことを呼んでいた時期もあるくらいで、自称で「俺」を使うことがどうしてもできない。それは私には「男」過ぎる自称なのだ。「自称が『俺』」と思われることは私にとってはかなり屈辱的なことでもあって（私はそんなに臆面もなく男なわけじゃない！）、その日はちょっと落ち込んだ。

けれども、これらの経験は反転するかのように私に反省を促した。つまり、「私自身の自覚以上に、私は周囲の女性を女性だと意識していて、そのことによって彼女らを何らかの鋳型にはめているのではないか」と真剣に意識するようにもなったのである（この反転を可能にしてくれたのは、私の中にあったフェミニズムの知識だったのだと確信している）。そう考え始めると、私が「男扱い」される経験だけでなく、私が女性を「女扱い」した経験が苦々しくいくつも思い出される。とりわけ大学院生時代の私は、自分が少しばかり賢いと思っていたので、マンスプレイニングのそこそこの常習犯だった気もするのである。そして、今はそんな状態を脱することができているのかと問われても、胸を張って「はい」と答えられる自信は、正直なところ、ない。「加害者性への気づき」といった単純な言葉でこの反転を片付けないでほしい。いや、自らの加害者性に気づくという経験はたしかに私にもあるのだが、単純に反転だけしたわけではないのだ。私は今でもゲイとしての自分は差別されていると思っているし、ある面においては、男らしくあれと要求される私は、性規範の充満するこの社会において、女性とともに同じ構造の被害者である、と言いたい気分もある。性別にまつわる不条理や問題の構図をどう捉えるのか、その構図の中での自分の立ち位置はどこなのか、その答えを一通りに収斂させることができない自分がそこにいる。そのことにこそ私は気づいたのだ。

そんな迷いの中でフェミニズムの著作を（まさに「勉強」として）読んでいると、記述の細部が鮮烈な実感を伴って理解できる経験がずっと増えていることに気づいた。私の逡巡も煮えきらなさも、フェミニズムの著作の中にすでに書いてあるではないか。今までの私は何を読んでいたのか。「お隣さん」気分を私に感じさせる、それゆえ私にとって救いとなる一文がそこにはある。でもそれだけじゃない。加害者としての私に問いを突きつける一文もそこにはある。私たちが苦労させられているこの構造を、ともに打破しようと呼びかけてくれる一文もそこにはある。それらはときに渾然一体となっていたり、互いにぶつかってきしんだりしながら、いつもそこにある。

私がみずからの体験から類推できるところだけを拾って吸収していたとき、私にとってフェミニズムはある意味で単純に理解できるものだった。むしろ今のほうが、フェミニズムは私にとって茫漠としたものにも思える。そして、茫漠としたものにも思えるフェミニズムは、それゆえに私にとってますます切実なものになっている。きっとこれからも、私はフェミニズムの渦の中に時折、いやしばしば飛び込んではもがくことを繰り返しつつ、自分の生を生きていくことになるのだろう。かつてはひとつしかなかった私のフェミニズムへのアクセス経路は、今では何種類にも増えている。そして、今後も（私がその努力を怠らなければ）増えていくのだろう。それは本当に幸福なことだと、私は思う。

だからこの話に劇的なところは何もない。ぬるっとフェミニズムに出会った私が、人生の途中でフェミニズムと少しずつ出会い直していって、これからもずっとフェミニズムと繋がっていたいと思うだけの話である。ただ、そう思うだけでちょっと元気が出てくることは、付け加えておいてもよいかもしれない。だから今の私は、まああ、いやけっこう、元気です。

生まれ変わり

高島鈴

この論考は、トランス差別、セックスワーカー差別を含むあらゆる差別に反対する立場から執筆されている。

＊

いつから私はフェミニストだったんだろう？　気が付いたらそうだった、としか言えない。

思い出せる限り一番古い記憶は、町田のピザ屋（どれでも1枚500円っていうから安上がりだと思ったけど、会計は明らかにその値段を超過していた）で、私と親友が向かい合って食事している風景。私も相手も学部生だったはず。3年生くらいだった気がするから、2014年の入学から数えて、たぶん2016年ごろだ。

学部生時代の思い出は、デモに彩られている。左翼家庭で育った私は大学に入ってすぐ一人でデモに出かけるようになり、いろいろな風景を目にした。初めて一人で在日コリアン差別デモのカウンターに参加した初夏の新宿、誰も見ていないツイキャスを回しながら必死に警察を避けて走り回って、自分の口から自然に暴言が漏れたことに自分で驚いたね。それから特定秘密保護法の反対デモがあって、遮蔽物のない永田町の北風に震えながら、SASPL（特定秘密保護法に反対する学生有志の会）のコールを聴いた。初めて新聞記者に声をかけられたのもこのときだったけど、質問にうまく答えられない自分に気付いて恥ずかしくなった。

それから、安保のことはもっと忘れられない。連日国会前に通って叫んで、夕方までバイトがある日は人がはけたあとの国会前に一人で足を運んで、これだけやればどうにか押し止められるんだと思っていた。旗色がどんどん悪くなるのを肌で感じて、深夜のテレビに齧り付いては牛歩する山本太郎を祈るような気持ちで凝視していたことをはっきり覚えている。安保は可決されてしまった。私は一人で自分なりに戦って、自分なりに挫折した。社会は変わらなかった、とは絶対に言いたくないけど、あれから社会はますます不正義が罷り通ることに味を占めた。

そう、国会前から人がいなくなって（完全にいなくなったわけじゃないけどバリケードが取っ払われたりヘリが飛んだりするような日がなくなって）、これからどうしたらいいのか迷っていたあの日々のどこかで、私たちはピザ屋にいたんだったね。その日の話題は、「政治的意見を表明する美術作品は美術として評価しうるか」ということだった。私は「メッセージ性のある作品こそ高く評価したい」と言い、親友は「それは美術でやらなくてもいいことだ」と言った。話は平行線だったが、議論は面白かった。

その話のどこかで、ふとフェミニズムの話になったような気がする。私は自分をフェミニストだと名乗った。親友はそのとき、たしか「自分はまだ自分をフェミニストだとは言えない」と応じた（なお、のちに親友はフェミニストへと転向した）。私たちは食い違う会話をたっぷりと交わし、いつものように夜遅くなる前に帰路についた。

あの夜のことは想像まじりにしか思い出せないけれど、私は多分、喋りながら自分がフェミニストであることを自覚していったんじゃないかと思う。はっきり覚えているのは、親友が自分と異なる意見を持っていたのを少し寂しく思ったことと、同時にえんえんと続く議論が楽しくて仕方なかったことだ。自分とは違う思想の相手と意見交換するうちに、今自分が味方しなければならない言説が何なのか、己の輪郭をはっきりと確認していったのではないか。そのような意味で、私のフェミニズムは議論から始まっている。もう少しはっきり言うなら、私が自分の考えを〈フェミニズム〉の名前に収斂しうるものだと認めた瞬間は、親友との公平な議論によってもたらされている。

そう、何かに気付く瞬間には、大抵他者が介在している。それはいい意味でも悪い意味でもそうだ。

＊

私が自分をフェミニストと呼ぶようになる前後、しばらく私はフェミニズムについて学ぼうとしては挫折する（そりゃあ、それまでいっさい哲学書を読んだことがないのにいきなりジュディス・バトラー『ジェンダー・トラブル』に手をつけても読めるわけがないのだが……）、というのを繰り返していて、結局フェミニズムの歴史も概念の整理も全くよくわかっていなかった。そこから、ようやく学びの出発点に立ったのは、大学院（私は歴史学専攻だった）の1年目で受講した演習の授業でのことだったと思う。

ふつう演習は輪番で各々の研究報告を行う場だが、その年は院生が少なかったか何かで、何回か空きが出た。担当の教授はそれらの回を使って、私とその同期たち（といっても私を含めて3人ぽっちだった）に、歴史学界の最新動向をまとめた書籍から章を選んで報告するよう求めたのである。私はすぐにジェンダーの章を選んだ。レジュメ作りは難航したが面白かった。

その報告が終わりに近づいたときのことを、今もよく記憶している。それまで女性やクィアに対する差別についてさんざん議論してきたところで、少し歳の離れた男性ジェンダーの先輩が質問してきた。

「どうしてあなたにとってジェンダーの問題はそんなに切実なんですか？」

もう、あまりに驚いて、怒れもしなかった（今振り返ってみれば、ブチギレておくべきだったと思う）。歴史学においてマイノリティの歴史は長く周縁化されていて、とか、そういう説明じゃない場所に、私の原動力は強く駆動していて（前述の状況も重要なのだけど）、それは簡単に言えば感情の領域だった。あの頃の私はまだ感情の領域にあるものを瞬発的に出し入れできなくて、ただただ戸惑い、その時間は終わった。


授業後、その先輩が話しかけてきた。いわく、さっきの話は結局よくわからなかったから、この後食事にでも行って続きを説明してほしいと言うのだ。私は了承し、大学そばの居酒屋に入った。今だったら甘えるなと突き放すべきだと考えるかもしれないが、当時の私は「応答責任」をあまりにも素直に信奉していたから、応じる義務があると思った。

「俺は言っちゃ悪いけど、金のある家の男だから、あなたの気持ちがよくわからないと思う」

先輩はそう言った。自覚があるだけいいのかもしれないが、こちらの状況を理解しようとしているふうには見えなかった。話しても話してもいなされる。うまく伝えられない自分に苛立ってきたころ、先輩がふと「俺は今の社会で満足してるからなあ」と零した。

そこで何かが沸騰した。はあ？？？？？？？？？？？？　感情の領域である。それまで見てきたものがぐわっと脳裏にあふれるのを感じた。性加害を受けた友人のこと。保健の授業で教師が口にした「ゲイは気持ち悪い」という発言に深く傷ついていたクィアの友人のこと。〈女性〉という記号で認識されてしまう自分の身体を憎んできたこと。ジェンダーのことだけじゃない、他にも「出ていけ」と言われ続ける在日コリアンの人びとや、不条理を押し通す自民党政権の横暴、それら全てを、「それでいい」と言うのか？

「じゃあ先輩は今抑圧されている人はそのまま苦しんでいればいいと言うんですか！」

わりと叫んだ。安い居酒屋なので周りはがやがやしていて、声はすぐに喧騒に紛れていった。先輩はさすがにおろおろとして、初めて応答に困っているようだった。

先輩がそのあと何と答えたかまでは覚えていない。ただはっきり記憶しているのは、先輩が「フェミニストは奢られるのも嫌なんでしょ？」と言って会計をきっちり割り勘にしたことと、私はフェミニストとしてもっと学ばねばならないと覚悟を決めたこと、そのふたつだった。

私は他者と語らねばならない。今起きている不条理を少しでもマシにするためには、そのための技術と理論が必要だ。

＊

あれからもう5年以上経つ。世間は #MeToo 以降、フェミニストが本当に増えて、私の言葉を聞いてくれる人もずいぶん多くなった。私自身も自分のペースではあるけれど、少しずつ勉強をして、少なくとも5年前よりは説得的な議論を展開できるようになっていると思う。

今考えているのは、フェミニストという肩書きがどこまで有効なのか、ということだ。現状、〈フェミニズム〉の名のもとに紡がれてきた系譜を背負って運動に参画することは、悲しいけれどもまだ大きな意義を持つと思う。だが、「女性」の名を冠した運動体には、必ずどこかに限界があるとも想像する。どうしても「女性」の表象のもとには集えないと感じる誰かと、ジェンダーに基づくあらゆる差別の撤廃運動において連帯するために、もしかしたらいずれ新しい名前が必要になるのかもしれない。そのような潮流が生まれてきたとき、私は自分がどうするべきなのか、きっとまた周囲の人びとと意見を交わすだろう。その対話から私は気付く。気付いては新しい場所へ動いていく。その繰り返しで、私は生まれ変わり続ける。

先住民フェミニストでございます

石原真衣

わたくし、先住民フェミニストでございます。

先住民フェミニズムってなんでしょう。わたくしもまだよくわかっていませんので、今日は〈おんな〉としての人生を振り返りながらかんがえてみたいとおもいます。

わたくしは、北海道はサッポロ市、人口200万のそれなりの都市で生まれました。シティガールといってもいいでしょう。父はマルクス主義者をひっそり名乗る古本屋。戊辰戦争で大敗した会津藩の出自でございます。先祖がながれ流れて北海道に入植してしまいました。だって敗者に選択肢なんてなかったんだもの。会津の恨みは祖母を強烈な教育ママにしたようです。もう、敗けてたまるか。息子を医者にして、人生挽回だ。父は息苦しくて北海道を飛び出ちゃう。弘前で沖縄学に出会ってからは、ながれ流れてフーテン暮らしをしちゃったり。おばあちゃん、さぞかし残念だったっしょ！　大学卒業後、フーテンのパパは沖縄へ。やまとんちゅだと色々とあれなので、うちなーんちゅの名前を名乗りました。いやいや、沖縄でうちなーんちゅのふりして暮らしちゃってるけど、おれ北海道人じゃん。しかも北海道ってもともとアイヌの土地だったのに、おれ侵略者じゃん。いけないいけない、北海道に戻ろう。アイヌに会わなくっちゃ！

場所をずっと北へ戻して、ふたたび北海道。母はアイヌのハーフ。じいちゃんは超ハンサム、大学に行ったりはしなかったけど、頭脳も明晰、正義漢、そして和人。あとからわかったのは、結構なＤＶ気質。まあそれも昭和あるあるでございますね。ばあちゃんはアイヌ。８歳から和人の農家で労働して、腐ったご飯も食べさせられたのに、世界へのルサンチマンがゼロ！　不思議で素敵なばあちゃん。朝早く起きて家畜の世話をして畑をつくって気難しい夫をあやして家で家事をして外で１日中労働して帰ってきたらまた家畜の世話をしてたまにリヤカーで缶とか集めに行ったりしてまた気難しい夫をあやして子どもの世話をして寝て、また起きて。ばあちゃんすごいな。ていうかおんなの人生しんどいな。たまには差別的なことが起こったりして。小学校も出ていないから字が書けない、読めない。そんな人生でも希望しかない、とんでもなく恰好いいおんなでございました。

そして母。アイヌのことはよくわからない。だって誰も何も話さないんですもの。

普通に暮らして、普通に学校行って、普通に生きてた。それでも時々ちくちく刺さるアイヌへのまなざし。道端に酔っぱらってころがっているアイヌのおじさんたち。目をそらす自分。よくわからない世界への怯えは、文学への逃避に。島崎藤村の『破戒』は母にきっかけを与えます。折しも、アメリカに渡ってインディアンのレッド・パワーと日系アメリカ人の運動に触発されて情熱がぱつんぱつんに溢れた伯母が帰ってきた！　無敵の伯母の帰還！　そこからはもう、すごい日々だ。おんなたちの青春だ。青春、青春、挫折、挫折。妻になり、母になり、沈黙した。

やっとわたくしでございます。へんてこな大人たちに溺愛されたわたくしは、どうやったらこんなにワガママな子どもができるのでしょう、この子、大人になったらどうなっちゃうんだ、とざわざわさせる子どもです。エネルギー全開、みんなまいたんのことがだいすき、気に入らないことは気に入らない、大人の言うことなんてきかない。身体は超病弱だったので、またそれがちやほやされる理由になるのでございます。世界への絶対的な信頼。そんな小学校もおわるころ、誰よりも愛してやまないばあちゃんがアイヌだときかされます。びっくり。フリーズ。ショック。だれにも言えない。びっくりしすぎたので、なかったことにしておこう。

アイヌのことはさておき。母は、自由に育ってしまったわたくしが社会に適合できるか心配でした。そんなわけで、かなりリベラルな私立の女子中学に進学。商売っ気がないマルクス主義の父は、当然ばかすかお金を稼いだりしないので、我が家はつましい暮らしをしながらわたくしの教育費に全投入！　問題児を疎外しない教育空間。そんな中でわたくしもなんとか社会をドロップアウトせずにすんだのでございます。ママ、ナイス。時代はアムラー全盛期。中学と高校の校舎が同じなので、ギャルのおねえさんたちへの憧れ。まねっこ。安室やおねえさんたちをまねして、まゆ毛細くして、日焼けして、ルーズソックスはいたり、スーツ着て厚底ブーツはいたりしちゃう。高校でアメリカに留学して、帰ってきたらもう無敵モードでございます。傍若無人。アメリカ帝国主義。受験勉強や進学なんてそっちのけで、日焼けサロンに通い、アメ車乗り回す彼氏とブチあげの毎日。昨日も明日もない。その日。その場所。その瞬間だけ。ああ、わたくしの人生。

ふとガングロギャルに飽きて大学へ。来世はヒョウに生まれたい、とヒョウ柄の服を着こなして勉強に没頭する日々。愉しい、アドレナリン、バッキバキ。なにかすごいことをしたい。銀座のママ本めちゃくちゃおもしろい。わたくしもまずはホステスになろうかしら。卒業まぢかにそう思っていたところ、大学の附属高校での非常勤講師の仕事をあてがわれた。これまで親不孝しすぎたのでまずは真衣ちゃんの恩返しだ。問題児、ガングロ、ブチあげのわたくしに疲れ切っていた母は、教員になってとてもよろこんでおりました。めでたしめでたし。大学時代、大学を終えてからも色々な仕事をする、の巻。物を売ったり、営業したり、数字を出す仕事は必ずトップ。銀座のママ本が役にたったね。お金を稼いで、たくさん恋をして、ああ世界って愉しい。

満たされた日々の中で、そうだ、20年近くフリーズしていた案件を思い出したのでございます。思い出さないほうが、向き合わないほうが、幸せなこと。思い出さなければ、向き合わなければ、当たり前の安心やハッピーや苦労の中で生きていけること。ああ、なんで思い出しちまったんだ。しかしもう止まらない。猪突猛進で退職、受験準備、受験失敗、研究生1年、大学院入学、アイヌ業界デビュー。アイヌのひとたちとの付き合いはとてもしんどいものでございました。わたくしは突然変異中の突然変異。異形。しきたりにしたがわねえ。折しも時代はアイヌ消費全盛期。NHK、新聞、海外メディア、記者クラブでの講演。大学院生のわたくしは、人気タレントさながら、撮影やら登壇やら、消費、ヘイト、称揚、嫉妬のうずのなかで沈没していきます。そんな中で大学教員になる、の巻。助教から准教授へ。本を何冊か出し、賞もいくつかもらい、何かと注目されるわたくし。大学文化の、「おじさんの、おじさんによる、おじさんのための」研究と教育。おじさんの帝国。アイヌの出自で、若くて、女性であるわたくしは、人間ではありませんでした。数字がなんの権威にもならない、ネオリベとは対極の世界。太古の化石、真空状態の世界。銀座のママをめざさなかったことを後悔。偉いおじさんやおじさんみたいな女性研究者による度重なるハラスメントでこころとからだを壊すわたくし。ちゃんとツケは払っていただきますからね。ふまれた足の痛みは一生わすれねえ。

そこでやっとフェミニズム！　フェミニズムだ、フェミニズムしかないんだ。フェミニズムで、フェミニズムだから、フェミニズムなんだ。

出会う運命だったわたくしとフェミニズムが、長いときをへて、結ばれます。ああ、あなたと出会うためにわたくしはこの世に生まれてきたのです。おもうぞんぶん、まじわりましょう。おんなの、おんなによる、おんなのための思想。あるいは、敗者の、敗者による、敗者のための運動。会津とアイヌもついでにまじわったね！　ガングロやらブチあげやら恋やら金やら研究やらをへてフェミニストになるわたくし。からからでぺこぺこな身体とこころがむさぼるようにそれを喰うなかで、わたくしは色々なものと溶けあっていきます。会津やらアイヌやらおんなやら犠牲者やら被害者やら、棄てさられ、使いまわされ、疎外され、消しさられる人間たちにむかって、わたくしは溶けていきます。ああそうだったのか。この痛みはこんな感触だったのか。こんな彩りだったのか。この声はこんなことを伝えようとしていたのか。近代のツケを理不尽に払わされてきた人間たちがわたくしに憑りつきます。わたくしの身体をえぐり植え付けられた無数の目たちがみえなかった世界をどんどんみてしまう。響きあい、浸食しあい、溶けあう。

そんなわけでわたくしは、先住民フェミニストでございます。

先住民と奴隷は近代が成立するための必須アイテムでございました。無料の土地と資源、労働力なくしては、資本の蓄積は不可能でございます。あらゆる繁栄してきた国家は先住民から土地や資源を奪い、誰かを奴隷にして、国家を経営してきました。500年にわたる暴力と欺瞞。そしてそこから導き出される人類全体と環境の崩壊。だれもが息苦しい現在を、色鮮やかに物語ることができるのは、だから先住民と奴隷の子孫なのでございます。あるいは敗者なのでございます。みんなすすんで敗者になろう。敗者の歴史性はなにをどうやっても忘却できません。逃げても、逃げても、どれだけ世代がくだっても、追いかけて、追いかけて、かならずよみがえります。先住民なんて、人類がアフリカを出発して旅をつづけてたどり着いた土地で、おのおのが4万年くらい物語を継承しているのでございます。4万年の厚さとアツさ！　先住民の歴史の厚みと疎外と痛みが、わたくしに溶けあう回路をうみだします。こわれてしまった地球、環境、世界。疎外される人類、おんな、先住民。

わたくしは、人間の、人間による、人間のための暮らしを、先住民であることとフェミニズムとのまじわりあいの交差点で考えていくのです。そのうちどこかでつづく。

i am a feminist.

藤高和輝

私はフェミニストだ。

自分が「良いフェミニスト」なのか「悪いフェミニスト」なのか、私は知らない。むしろ、どちらかというと、「私はフェミニストとしては不十分だ」と感じていたりする。「バッド・フェミニスト」もしくは「駄フェミ」だろうか。だが、いずれにせよ、私はフェミニストだ。それだけは譲れない。

私には——そして、それは私に限ったことではないが——複数のアイデンティティがある。しかし、「フェミニストである」ということは私にとってもっとも大切なアイデンティティである。それは、フェミニズムが、自己や他者、そして、この社会的世界にどのように対峙して生きていくのかを私に教えてくれたからだ。「フェミニストであること」は「私の生」と決して切り離すことができないアイデンティティなのである。

私は幼少の頃からたくさんの「ハテナ」を抱いていた。そして、その「ハテナ」は時を経るごとにいつしか「息苦しさ」に変わっていったように思う。

幼い私の目には「乱暴」で「横暴」にしか見えないクラスの男子が「男らしい」とされるのはなぜなのだろうか。女の子と男の子がいっしょに遊ぶのが奇異や好奇の目で見られるようになるのはなぜなのか。なぜ、父は仕事から18時ごろに帰ってきた後、家のことを一切せず、リビングの真ん中であぐらをかいているのか。なぜ、母はそれを見て平然としていられるのか。二人がさもそれを当然のように、機械の歯車のように粛々と生活を回すことができるのはなぜなのか。男の子が「泣き虫」なのはなぜバカにされ、「矯正」の対象になるのか。「女らしさ」とか「男らしさ」とは何なのか。あるいは、「女であること」や「男であること」とは一体何なのか。そして、私は「男らしく」あらねばならないのだろうか……。小さな私にとって、それらすべてが謎だった。世界はハテナの集積場である。

私はたくさんのハテナを抱えていたが、それに対してまともな回答がもたらされたことはなかった。「それはそういうものだからそうなんだ」——世間のなかで「常識」とか「フツー」と呼ばれているものはいつも、そんな風に説明される。「常識」はつねにトートロジー（同語反復）なのだ。トートロジーがハテナを、モヤモヤを、違和感を、晴らしてくれることはない。少なくとも、私の場合、納得のいく説明がもたらされたことはなく、ハテナはハテナのまま、少しずつ、だが確実に、私のなかにどんどんと降り積もっていった。

今から思うと、フェミニズムに出会うまで、私にとって、世界は気味の悪いものだったのだと思う。「不思議の国」に迷い込んで、納得できないことだらけでたくさんのハテナとモヤモヤを抱えて、ときにイライラするアリスのように。

とくに、高校生の頃にはひどく孤立感があった。ジェンダーに限ったことではなくて、世界にはたくさんのハテナが渦巻いているのに、周囲の人たちはそのことになんの疑問も感じていないように見えて（もちろん、実際のところはわからないし、私と同様に感じている人もいただろうが）、自分自身も、そんな周囲に必死になってなんとか溶け込んで道化を演じているような、そんな感覚がつねにつきまとっていた。

高校生の時、ある日、クラスメイトのお節介な女の子が「なぜ、かずきはモテないのか？」という（興味のない）話題をはじめて、「かずきは「男らしくない」からだ」と言われた。再び、私の頭のなかはハテナでいっぱいになった。「男らしさ」なんて私はいらなかったし、まっぴらごめんだった。それに、その「男らしさ」とやらがあれば「モテる」という理屈もまったくわからなかった。というか、そもそも、彼女が言った「男らしさ」とやらが何を指しているのかもいまいちピンとこなかった。それは多分、見た目とかの話ではなくて、なにか精神的な（?・）、漠然としたもので、おそらくだが、ひとをグイっと引っ張るような強引さのようなものを指しているらしいと理解したのだが（この理解が合っているのかも正直わからない）、一体、そんな独善的な人間のどこが魅力的なのか、さっぱりわからなかったし、そんな人間には死んでもなりたくなかった。私はヘラヘラ笑ってその場を済ませたが、私の周囲の小さな世界でさえ、私のあずかり知らぬ、まったく理解不能なロジックで回っているらしく、どうにも気味が悪かった。

高校も3年生になった頃、いよいよ、世界はおかしいと確信するような、そんな出来事があった。それはジェンダーのことではなくて、当時、イラク戦争時に「イラク人質事件」が起きて、香田さんという方がイラクで拉致されたときのことだ。そのとき、世論は「拉致された香田さんは自己責任。だから、死んでも文句を言えない」という論調が強かった。私は素朴に、そんなバカな、と思った――ひとりの人間の命がそんな簡単に、粗末に片づけられていいわけがない、と。それはあまりにも自明の真理だと私は思ったし、いまでもそう確信している。

そんなある日、クラスでディベートが行われた。そのテーマはまさに、「香田さんは自己責任か否か」というものだった。当然、私は「No」の立場だった。そして、多くの友だち、クラスメイトもきっと同じ意見だと信じていた。ところが、蓋を開けてみると、40人近くいたクラスのなかで「No」に手を挙げたのは私と、あと一人くらいだったと思う。視界が黒くなったのを、よく覚えている。クラスのほとんど全員が香田さんを見殺しにして、平然としている、そんな光景はグロテスク以外のなにものでもなかった。「友だち」と思っていた人たちがみな、急に、恐ろしい存在のように見えてきて、ひどく怖くなり、すさまじい孤立感を覚えた（現在、「自己責任」は一般化し、新自由主義の社会における「常識」となっているが、私の個人史的な視点から言えば、「自己責任」という言葉の日本社会における急速な拡大、一般化は、香田さんの死から始まったように感じている。ある意味では、私たちはいまだ香田さんの死を哀悼できていないのだ）。

高校卒業後だったと思うが、私がいまでも「恩師」と心のなかで呼んでいる人と出会った（私は1浪していて、高校3年生の頃から同じ予備校に通ったこともあり、この辺の時系列の記憶はやや曖昧である）。その人は、当時通っていた予備校の講師の人だった。その先生の「雑談」が好きだった。授業の内容よりも、その「雑談」のほうが大好きで、私がその人の授業を受けるのはその「雑談」を聞くためだった。あとで知ったことだが、その人は在野の研究者で、文学や現代思想、フェミニズム、ポストコロニアル理論などを研究している人だった。だから、その「雑談」も色んな切り口から現行の政治を批判するものが多かったし、ときには教材の文章としてあった小説のなかのジェンダー観に「難癖」をつけていたりした。そんな話を聞くのが楽しくて、よく話すようにもなり、そのうち、いつのまにか、その恩師が主宰している小さな読書会にも（おずおずと）参加するようにもなっていった（多分、そこでの会で私が理解できていたことは内容の1割くらいだったと思うけど）。

その恩師の紹介で1冊の本に出会うことになった。それがベル・フックスの『フェミニズムはみんなのもの』だった。もし、人生を変えた本をあえて1冊だけ挙げろと無茶ぶりをされるなら、私は迷わず、この本の名を即答するだろう。ちなみに、その次がジュディス・バトラーの『ジェンダー・トラブル』だ。というか、本当はこの2冊のあいだに順番なんかつけられないけど……。それくらい、この2冊は私にとって本当にかけがえのない宝物だ。

フックスは本を介して、私のハテナに真正面から丁寧に応えてくれた。それは私の人生のなかではじめての経験だった。私のハテナが、私のモヤモヤが、私の違和感が、どんどんと解きほぐされていく。その感動と知的興奮をいまでも忘れることができない。そして、フックスは、私が感じ、抱え込んでいた、そのハテナの感覚は正しいのだと肯定し、背中を押してくれたような気がした。

ちなみに、余談になるが、私は本当に学のない人間で、高校3年生の夏に受けた模試での偏差値は40台で、それまで本を読む習慣もなかった。中学生の頃、『ハリー・ポッター』に手を出したが、1冊も読み通せなかったほどだ(今となっては、下手にハマったりしなくてよかったが)。だから、フックスの本も、当時は内容の半分もきちんと理解できてはいなかったと思う。それでも、彼女の本の核心にあるメッセージは、確実に私に届いた。フックスは私にとって、もちろん、フェミニズムを教えてくれた人であるのだが、それと同時に、読書や学問の面白さを教えてくれた人でもあったことになる。

フックスは私に「フェミニストになること」がどんなことであるかを教え、そして、「フェミニストになること」を勧めてくれた。ジェンダー規範や性差別をはじめとした世界の理不尽に反対して声を上げていいこと、自分が社会から享受している特権と向き合うことの大事さ、そして、ジェンダー規範に囚われずに生きていいこと……。私はフックスに大いに励まされて、それ以降、フェミニストになった。

フェミニストになることによって、私の生はがらりと変わった。私は世界を素朴に受け入れるのではなく、むしろ、世界を批判的に疑い、問うようになっていった。また、私自身が世界のなかでどんな社会的位置にいるのか、様々な視点から自己批判的に考えるようになった。そして、なにより、私は私自身の生をどのように生きるのか、私が生きたい生とはどのようなものかを必死に考えるようになった。それから、私はフェミニズムをはじめとした様々な本を読み漁り、読書会や研究会に通ったり、様々なアクティヴィズムにも関わるようになった。結果として私は研究者になったけれど、たとえ研究者にならなかったとしても、私はこれらのことをつづけていただろう。それらは「研究」というよりも「ライフワーク」のようなものだった。私は相当な熱意をもって、色んな本を読み漁るようになったが、後に知ったフックスの『学ぶことは、とびこえること』にある次の言葉を読んで、大いに首肯した。そこに書かれていたのは、私の姿とも重なるところがあったからだ。

つらくてならなかったから、わたしは理論に向かった。心の痛みがあまりに強すぎてもうこれ以上、生きていけそうもなかった。わたしは藁をもつかむ思いで理論に近づいた。わかりたかったのだ。自分のまわりで、そして自分のなかで、いったい何が起こっているのかを知りたかったのだ。何はともあれ、このつらさを払いのけたかった。そのときのわたしは、理論に癒しの場を見ていたのだ。

（フックス、107ページ、2023）

私はフックスと出会って、それから必死に「理論」に手を伸ばしたが、それは「自分のまわりで、そして自分のなかで、いったい何が起こっているのかを知りたかった」からであり、なんとか「生きる」ために「理論」を欲したのだった。

しかしながら、フェミニストになってからの私の道のりは決して平坦なものではなかった。むしろ、今にして思えば、いわば「強すぎるフェミニスト意識」によって「拗《こじ》らせて」いたところがあった。

私がフェミニズムに出会うまでにも感じていた「男であること」への違和は、フェミニズムに出会って以降、どんどん膨れ上がっていくことこそあれ、減じることはなかった。フックスを介して、フェミニズムは私に「男らしくある必要はない」と教えてくれた。そのメッセージにたしかに勇気づけられながら、しかし、それでも、「男であること」自体への違和は拭い去れなかったのだった。

その「違和」をどのように理解すればいいのか、私はすっかり途方に暮れていた。その「違和」は、「男らしさ」といった「性別役割」に対するものにすぎないのか。それとも、「男であること」自体になのか。私は「女になりたい」のか。しかし、この違和は「女になりたい」というほど、はっきりしたものではなかった。当時は日本国内ではノンバイナリーという言葉はなかったし、また、関西圏のクィア・コミュニティで用いられていたXジェンダーという言葉は知っていたが（正確には、そのときは「FtX」や「MtX」という言い方が主流だった）、知り合ったごく少数のXジェンダーの人たちの姿に自分を重ねることもできずにいた。私のそんな状態を聞いて、クィアな知り合いから「トランス見習いだね」という言葉を受け取り、その「トランス見習い」という言葉がなんだか温かくて、当時は一番自分にしっくりくる言葉に感じられもした（いまでも、「トランス見習い」という言葉は温かみのある素敵な言葉に感じている）。

しかし、それでも、20代のほとんどの間、私は、この「違和」の存在をむしろ否定する方向に躍起になっていた。私の生真面目な性格も相混じってか、私の強烈な「フェミニスト意識」が、それを「性別違和」と認めることに反対したのだった。私のなかの「フェミニスト意識」は次のように、私を詰問し、私を離さなかった――「それはむしろ、「男性特権」から逃げることではないのか？　男性特権から逃げるための口実ではないのか？」。そう、私は完全に「拗らせて」いた。「自由の実践」であるはずの「フェミニズム」に、かえって縛られる、そんな自縄自縛に陥っていたのだ。

ちょうど、そのころに書いた論文が「アイデンティティを引き受ける――バトラーとクィア／アイデンティティ・ポリティックス」である。その論文の最終節を、私はかなりの躊躇を感じながら、半ば強引に、あるいは自分の感情や状態を言語化しきれないまま、書いた。そこで、私は自分が「男」であり「異性愛者」である、と書いたのだった。自分で書いたはずのその言葉は、私のなかにしこりのように残った。当時、そんなモヤモヤがあったからだろう、私のクィアな友人に読んでもらったことがあった。その友人はこう言った、「んー、私から読んでも違和感があるけど……。かずちゃんって、私のなかだとクィアって認識だからさ」。その友人が感じた違和を当時の私も抱えていて、しかし、どうしても言語化できなかったのだった。

私はトランスジェンダーなのだろうか？「男であること」に嫌悪を感じ、フェミニンなカワイイものに惹かれながら、でも、「女になりたいのか」と問われれば、戸惑う。あるいは、これはそもそも「性別違和」と言ってよい代物なのだろうか？そんなことはおこがましいことで、もしかしたら、無意識の内に「男性特権」から逃げようとしている「マジョリティの自己逃避」にすぎないのではないか……？　こんな風にグルグルとした思考が止むことはなかった。長い間、私はすっかり「トラブって」しまったのだった（その「トラブル」にずい分長い間、親身に付き合ってくれたのが、バトラーの『ジェンダー・トラブル』だった。竹村和子さんが訳してくれた『ジェンダー・トラブル』はすっかり擦り切れてボロボロだけど、その本には10年以上の私の葛藤が刻まれているように感じる）。

幸か不幸か、私に転機が訪れたのは（これもまた、今思えば、だが）、鬱病を患ったことだった。精神科に通い始めて今年で8年目になるから、私が30歳頃のことだ（ちなみに、「メンヘラである」ということも私の大事なアイデンティティのひとつだ）。この文章の流れで鬱病の話をすると、「性別違和」が「原因」と思われるかもしれないが、「鬱の原因」なんて、私の方が知りたいくらいだ。発症したとき（といっても、通院する前から兆候はあったから、厳密にいつ発症したのかもよくわからないが）、色々と重なっていた時期ではあったし、少なくとも無理をしていたことは間違いないだろう。だから、私の鬱は別に「性別違和」が「原因」ではないと思う（じゃあ、まったく関係ないのかと言われれば、それはそれでわからないが……）。

いまでこそ、メンタルヘルスに関して、ある程度の知識を身につけたり、自分の症状の傾向を理解できるようになったものの（ちなみに、現在の医師からは、社交恐怖症（昔で言う「対人恐怖」）と鬱状態の混合状態と言われている状態である。まあ、だから、今に関して言えば、ノンバイナリーというかジェンダークィアなスタイルでいるために、周囲からジロジロ見られたりするのはイヤだし、怖いし、緊張したりするわけで、メンタルヘルスとジェンダー／セクシュアリティのあいだには密接な関係があることは肌で感じている）。しかし、鬱症状が発現し始めたころは本当に自分に何が起こっているのか、まったくわからない状態だった。身体はつねに重苦しく、朝起きたときには1日が始まることに絶望し、簡単なことができなくなり、〝そんなこと〟もできない自分への叱責と自己否定が生じ、果ては希死念慮が生まれる。食欲は減退し、交通機関に乗ると動悸がして苦しかった。リストカットもしたが、リストカットをしはじめた頃にはすでに、それはむしろ、生きるために必要な対処法であるという認識で、自分の症状とそれなりに付き合うことができはじめた頃だった。

とにもかくにも、鬱症状によって色々と苦しめられていた／いるのだが、その結果、鬱になる以前の体重から、10キロ弱は減ってしまった。もちろん、このような体重の急激な減少は心理的、身体的に見て良い変化ではない。しかしながら、この変化が私にとっては結果的に転機となった。

体重が減ったことによって、私がこれまで着ていた服のサイズは合わなくなっていった。そのときである、私の頭に、ある考えが浮かんだ——いまなら、レディースの服を着ることができるんじゃないだろうか……？　そして、実際、着ることができたのだった。あまりにも鬱病で苦しかった私は、こんなにも苦しいのならば、せっかくなら自分がしたい恰好をして、後悔なく生きたい、という思いが、急に、そして強く、込み上げてきて、それからレディースの服を着はじめ、化粧にも挑戦するようになっていった。先にも言ったように私はもともとXジェンダーという言葉を知っていたが、この頃にはXジェンダーやノンバイナリーといった言葉がいっそう広く認知され始めた時期でもあった。そのことも私の背中を押したのかもしれない（この頃には、ネットで検索をかけるだけで、たくさんのロールモデルを知ることができたのだから）。

それから、私のジェンダーの実験がはじまった。といっても、他のトランスやノンバイナリーの人たちにとっては珍しくない馴染みのある話かもしれないけど。ユニクロなど、ユニセックスを売りにしているショップはレディースの服を見やすい環境にあるから、そこで、レディースの服を買ってみる。あるいは、古着屋もそうだ。古着屋でレディースの服を物色する。友人に化粧のことを教えてもらったり、ときにはお店に付いていてきてもらう。実際に化粧を自宅の鏡の前で試してみる（メイクにおける眉毛の重要性に気がつくのにはすっかり遅れてしまった……）。自宅でファッションショーを行う。はじめの方は、いわゆる「ジェンダーレス男子」で通じるような外見からはじめていき、次いで、徐々にフェミニンな要素をどんどん増やしていき、今となっては自分なりの可愛いジェンダークィアなファッションを楽しんでいる。

鬱をきっかけにはじまった私のジェンダーの実験の旅によって、現在、私はノンバイナリーというアイデンティティに落ち着いた。あるいはさらに正確に言うと、「ジェンダークィア」といった言葉の方がしっくりきているような状態である。そのような道程を経た私だが、自らのジェンダーについてはまだ揺れているところがあるというのも正直なところだ。「私のジェンダーとは何なのか？」——私はまだまだ考える途にあるのだろう。

いずれにせよ、その過程のなかで、私は「私」との付き合い方をたしかに学んでいった。自分の好きなジェンダー表現を行うことで、私は以前よりもずっと私のことを好きになったし、以前よりもずっと自分を愛するようになった（といっても、相変わらず自己肯定感は低い方だが)。そして、私は私にとっての「性別違和」を認め、私なりのジェンダーのスタイルを自由に求めていいのだと、今更ながら気がついた。そして同時に、それは自分の社会的な「特権」から逃げることではないのだと知った。「自由に生きること」と「自らの特権を問うこと」は矛盾しないのだ、と。……こんな風に書き起こしている今となっては、私は本当に「拗らせて」いたのだな、と、つくづく思う――自分を見失ってしまうくらいに。

現在、「ノンバイナリーであること」で(そして「メンヘラであること」でも)もちろん、マイノリティとして嫌な目に遭うことはあるが、しかし、それで、私の他の「特権」――例えば、この国で「日本人」であること、「大学教員」であること、そして、私自身認めたくはないが、しかし、戸籍上は「男」であること(この点に関しては両義的で、それは、私は「男ではない」のに「男」とみなされる経験であると同時に、「男」としての社会的特権を得ることができる状態ではあるということでもある)等々――が帳消しになるわけではない。しかし、自らの「特権」と批判的に向き合い、その「特権」を生む社会の構造に批判的でありながら、同時に、私が好きなジェンダーを追求して自由に生きることは可能だ。

フェミニズムとの出会い、それからの葛藤、そして、鬱病を患ってからのジェンダーの実験、自らをノンバイナリーにアイデンティファイすること、それらを経て、私は、「この社会の構造に批判的であること」と「自分の特権と向き合うこと」、そして「規範に縛られずに（あるいは、規範に沿ったものであったとしても）自由に生きること」——それらが両立可能であることをゆっくりと学んでいった。そして、それは元を正せば、フックスを介して、フェミニズムがすでに私に教えてくれていたことだったのだ。その「知」を自分の「生」としっかりと結びつけることに、グルグルと迂回路を経てしまい、ずい分時間がかかってしまったが、フックスを介して出会ったフェミニズムはその間もいまも、私がこの社会的世界を生き抜く指針でありつづけている。

私はフェミニズムとの出会いを思い出すとき、いつも、フックスの顔が浮かぶ。彼女は2021年に亡くなったが、彼女の死を、私はまだ受け入れられていない。いや、あるいは、あなたはいまだなお、私のなかで確実に生きている。私があなたを忘れることは絶対にないだろう。

この文章は私からあなたへの感謝の手紙だ。

Thank you, bell hooks.

〈参考文献〉

フックス、ベル『学ぶことは、とびこえること――自由のためのフェミニズム教育』里見実監訳、朴和美・堀田碧・吉原令子訳、ちくま学芸文庫、2023。

脱抑圧の三代記——私たちはなぜフェミニストでなくなるのか

鴻巣麻里香

「私はフェミニストだからさ」

18歳になったばかりの娘がそう言った。そのひと言はありふれた会話の中で唐突に、それでいてあまりにも自然にあらわれ、溶け込み、流れていった。今日は風が強いね、アイスクリーム食べたいな、やっぱ猫ってかわいいよね、私ってフェミニストだからさ、あの新曲いいよね、そんな感じで。

そうか、この子はフェミニストなんだ。

そして自分がフェミニストであることは彼女にとって自明で、かつそれを表明することに抵抗も気負いもないんだ。

私の中にじんわり広がった感覚は羨望であり、よろこびであり、また疑問だった。彼女はなぜフェミニストになったのか。彼女をフェミニストにしたものはなにか。

それは幼い頃に田舎の封建的な暮らしの中で経験した家父長制の抑圧であり、「よのなか」から女の子の身体に向けられる視線であり、それらによる個人的な傷つき体験の数々かもしれない。

あるいは不自由極まりない、毎月の大量出血やら痛みやらでままならない身体そのものかもしれない。

あるいはプリキュアであり、侍女の物語であり、マッドマックス怒りのデス・ロードやアナと雪の女王であり、レディー・ガガや（G）I-DLEかもしれない。

そしてもちろん、私かもしれない。

18歳になったばかりの高校生が、様々な理不尽や抑圧に対して「女だから」という解答を得るのは、たぶんそう簡単ではない。ままならない身体は「ままならないまま」にしておく必要はなく、医療的な対処によって自分で手綱を握れるようになるのだということを教えてくれる大人も少ない。娘の「なぜ苦しいの？」という問いに「女の子だから」という答えを与えたのは私だし、ままならない身体がより快適に、少しでも思うままになることを許していいのだと導いたのも私だ。娘が冗談めかして「フェミ棚」と呼ぶ書架に並ぶ本の数々、一緒に観ようと誘った映画。それらがなければ、つまり私との関係性がなければ、彼女は法事の場で「なんで女ばかりお茶汲みしなきゃいけないの？」と憤ることも、路上で見知らぬ男性に声をかけられて「声をかけてもいい相手だと舐められたことが悔しい」と腹を立てることも、「マンスプされたくないから」と女子大を志望することも、女性哲学者に光が当たらないことへの疑問から哲学専攻を選ぶことも、もちろん18歳になるかならないかで「私はフェミニスト」と公言することもなかっただろう。

私がいたから娘はフェミニストになった、とは言わない。彼女自身の感性を、知性を、力を軽んじることになるから。しかし私と生活を共にすることで、彼女が「フェミニスト」を公言する時期は、少し早まったのではないかと思う。

つまり、私もフェミニストだ。しかし私は30歳になるまでフェミニストではなかったし、「私はフェミニスト」と公言できるようになったのはおそらく40歳を超えてからだ。なぜなら私の周囲の大人たちは、女性たちは、だれひとりとして「女の子だから」という答えを私に示してくれなかったから。

今から50年近く前に日本に単身やってきて、結婚し出産した私の母は、常に抑圧の中で息をし続けていた。外国籍で女性、さらには原家族にまつわるトラウマという複合的な困難を抱えた母は、私が物心ついたときにはすでに抑圧の中で静かに息をし続ける術を身につけていた。決して抗わず、抑圧を受け入れ、尊厳を削りながら静かに生きる。心の内側に溜め込んだ煮凝《にこご》りのようなものが飽和状態になると、発作のようなパニックや身体的な不調で放出する。激しい放出が終わると、また抑圧に身を委ねる。私にとって、いつ訪れるか予測できない母の「放出」は何よりも恐ろしく、それを防ぐことを家庭内のミッションとして自分に課していた。インターセクショナリティといった言葉に出会うずっと以前のことであり、幼かった私が母に起きていることを精一杯理解しようと編み出したのは、「お母さんが苦しいのは外国人だからだ」という文脈だった。お母さんは外国人で、慣れない国での暮らしは大変で、文字が読めないからわからないことも多くて、ガイジンガイジンって馬鹿にされて、悩んで、だから「普通じゃない」んだ。その文脈は、まったくの的外れではなかった。実際母は外国籍であること、日本語の読み書きができないこと、複雑な会話についていけないこと、発音に癖があること、暗黙の了解や冗談が通じないことで軽んじられていた。彼女は白人女性であり、あからさまな排斥や差別の対象となることは少なかった（ここにもインターセクショナリティの構造がある）。しかし祖国で専門的な高等教育を受けた母にとって、日本で「無知な外国人女性」という扱いを受けることは耐え難い屈辱だったことだろう。「お母さんが苦しいのは外国人だから」という説明は明快だった。すっきり謎が解けた気がした。しかしその明快さは罠でもあった。「女だから」

という視点を見逃す陥穽だった。

抑圧の中で息をし続けることに精一杯な母。本や映画の話題を娘である私と共有できない母。家庭の中で言葉が軽んじられ、意見表明と選択の機会が奪われてきた母。そんな母に対して私は早い段階から、「相談」することを諦めてしまった。母に伝わるように日本語を簡略化し、組み立て、母の機嫌をうかがいながらタイミングを見計らって伝えることに疲れてしまったから。だから「お母さんは外国人だから」を理由にして、諦めようとした。母と理解し合うことではなく、諦めるために努力をした。

もし母と言葉が通じたら。母の苦しさが「外国人だから」だけでなく「女だから」でもあることを、母は私に教えてくれただろうか。私が言われて嫌だったこと、されて苦しかったこと、選べなかったこと、やんわりと強要されたこと、期待されたこと、それらも「女の子だから」と気づけただろうか。女の子である私が「お母さんのケア役」を引き受けたことも含めて。

「女だから」という答えを得ることができないまま、私は大人になった。うまく生きられない大人になった。大学のシラバスには、もしかしたらフェミニズムやジェンダーという文字があったかもしれないが、私の目にはとまらなかった。留学先の韓国では、梨花女子大学前のスターバックスコーヒーの3階で煙草をくゆらせながら「女性の解放」を議論する化粧っ気のないオンニたちの顔をぼーっと眺めながら「どうやったらあんなに綺麗な肌になれるんだろう」「ダイエットしてるわけじゃないのになんで細いんだろう」などと考えていた。彼女たちの話にはまったくついていけなかった。抑圧があっての解放だ。私にはそもそも、「女性として抑圧を受けている」という文脈が内面化されていなかった。周囲の期待に応えていれば、だいたいのことはうまくいっていたのだから。その期待とは、容姿を磨き美しくあること、体重を減らし男性に好まれる服を着こなすこと、賢くありつつ賢くありすぎないこと、集団の中でケア役を担うこと、下ネタを笑って受け流せること、権威を持つ人を不快にさせない程度の生意気さ、そしてどんなに理不尽な目にあっても「女だから」と言わないこと。

「女性差別はダメだけど、実力不足まで女性差別のせいにするのは違うと思うんですよ」

「セクハラはダメだけど、ダメダメ言いすぎて場がギスギスしちゃうってつまらないですよね」

若さゆえの無知という言い訳は通じないほど愚かで恥ずかしい発言だが、紛れもなく私自身が、ゼミや飲み会や合コンといったあらゆる場で、声高らかにそう放言してきたのだ。本心からそう考えていたわけでも、「ウケ」を狙って言ったわけでもない。ただそれが、その場で、そのとき、私に期待された台詞だったからそう言った。それだけだった。

周囲からの期待を汲み取り、そのとおりに振る舞うスキルは、母との関係や、不機嫌で周囲の人間をコントロールする癖のあった父の存在がトリガーとなる家庭内の緊張や、学校でのいじめといった逆境の中で身につけたものだ。私はそのスキルで子ども時代を生き延びてきた。しかし傷《トラウマ》によって得たものは、いずれまた私を傷つける。期待という枠に私自身のかたちをゆがめて押し込めてきた、その反動はメンタルヘルスの不調だった。

トラウマは抑圧によって生じる。そして抑圧に適応し生き延びるために、抑圧を抑圧であると認識する力を奪う。20代の半ば、メンタルヘルスに深刻な不調をきたし、流されるようにたどり着いた精神科医療と福祉の業界で、私は自分の不調の要因が子ども時代の逆境によって負ったトラウマであることを理解した。私の「回復」の物語はそこから始まるが、完結の兆しが見えるとまた傷が開き序章に戻る、というループが何度も繰り返された。回復に必要な最後のピース、「女だから」というピースが欠けていたのだ。

私自身が助けを求めて訪れた精神科医療の現場で、やがて私は「支援する側」に回った。当時の私にはそこしか居場所がなく、居続けるためにはユーザーになるか支援者になるかしかなかった。自分を傷つけながらも死ぬことはなく、これ以上悪くなる見通しも良くなる見通しもなかった私はいつまでもユーザーでいることはできず、資格を取得して「支援者」となった。ちょうどメンタルヘルス業界は入院治療中心から「地域支援」への移行期で、どの法人も「障害のある人もない人も幸せに暮らせる地域」「誰も置き去りにしないやさしいまちづくり」など似たり寄ったりのスローガンを掲げていた。弱くてもいい、病があってもいい、降りていく生き方でいい、そうユーザーに語りかける私たち支援者の労働環境は、しかし実にマッチョだった。時間外労働は常態化し、深夜の会議や急な呼び出しは当たり前、管理職は9割以上が男性で、「いかにプライベートを犠牲にして働いているか」がその人の評価になった。弱くては生き残れない、病んだら終わり、降りたくても降りられない、そんな環境にも私は適応できた。率先して適応した。日付が変わるまで続くカンファレンスや時間外の緊急事態に嬉々として対応し、そんな自分はなんて「デキる女」なんだと高揚した。「麻里香さんは『女だから』を言い訳にしないところが偉いよね」と男性の先輩に褒められて鼻高々だった。そのときの私は、マッチョな組織が期待する「活躍する女性」そのものだった。私はまた、周囲からの期待の枠に私自身を押し込めていた。

最初のほころびは、なんだったのか。子育てが始まったことか。病気が見つかったことか。東日本大震災による無力感か。とにかく、私は再び苦しくなった。適応することで活躍のチャンスを得ていたのに、その適応が苦しくなる。一体何度これを繰り返せばいいのか。心身の不調はやがて仕事にも支障をきたすようになり、当時の上司に諭されることになった。
「子どもがいるんだから、そんなに無理して働くことはないんじゃないか。一度仕事のペースを落として、子育てに専念したらどうだ」
言われたその場で号泣した。怖かったからだ。仕事を取り上げられることが怖かった。私から仕事を取り上げないでくれと、泣いた。そして腹が立った。同僚には子を持つ男性もいる。彼らがいくらプライベートを犠牲にして働いても、どれだけ不調をきたしても、飲みに誘って慰労するくらいで「子育てに専念したらどうか」とは言われない。なぜ私だけ、仕事を奪われなければならないのか。

あれ。もしかしてこれって、私が女だから？

今思い出すと笑ってしまうが、それまでいくら「女性らしい」役割を求められても、機会を誰かに譲り渡すことになっても、容姿や体型を無遠慮にジャッジされても、時にセクハラ（と認識はできなかったけれど）を受けても、こんな目に遭うのは「女だから」だと発想すらしたことはなかったのに、男性優位主義に染まった組織から「適応しなくていい」と引導を渡された瞬間に閃《ひらめ》いたのだ。それはフェミニズムへの目覚めなどではなく、空虚な見捨てられ不安だったのだが、それでも私の生活に「女だから」という新しい視点が加わった。それは、生まれてはじめて眼鏡をかけたときの感覚に似ていた。「こんなによく見える！」という驚きに勝る「今までほとんど見えていなかった」ことに気づいた衝撃。こんなものだと慣れきっていた光景に輪郭が生じる、細部の構造が見える、濃淡がわかる、光があたらない場所にも何かがあることを知る。経験からくる憶測で補っていた部分の色や形が実はまったく違っていたことに気づく。眼鏡をかけたからって私自身がいきなり賢くなったわけじゃない、だけども う眼鏡なしの生活には戻れない、そんな体験。

「女だから説」との出会いは、まず仕事に影響した。それまで個でしかなかった「ケース」と「ケース」がつながり、「ソーシャル」という「面」の問題として、私の中で描き直されていった。

精神を病む女性の多くが経験している性被害

ＤＶ被害者の圧倒的多数が女性であること

ひとり親の大半が女性であり、多くが働いていながら、貧困率が非常に高いこと

無職在宅の成人男性は「ひきこもり」として「問題」にされるのに、同じ状況で暮らす成人女性は「家事手伝い」という名が与えられアンタッチャブルなまま放置されること

外国から、特にアジアから嫁いでくる女性がおしなべて若く、そして配偶者である日本人男性のほとんどが高齢であること

望まない妊娠における男性の不在

「毒親」とラベリングされた母親の陰に隠れた、話をきかない父親の存在

「障害者の性」にまつわる議論から排除される女性障害者

これってその人の問題じゃない、世の中の問題じゃないか。

男性優位主義の環境は、構成員から社会的な思考を奪う。環境への懐疑的な眼差しは、男性の優位性を何よりも脅かすものであるから。そして医療や福祉といった対人援助の組織は、マッチョ化しやすい。誰かが誰かを支援するという不均衡な関係性は、支配に限りなく近いものであり、支援する側は無意識的に支配力を希求する。組織がボスザルの集団と化すのは容易《たやす》く、ボスザル軍団に求められる女性は「かよわく従順な支配（支援）の対象」か、マチズモを受け入れそこに適応しながら組織内のケア役を担える「わきまえた」女性のいずれかになる。どちらでもなくなった私は、やがてそこにはいられなくなった。

組織から離れ、私は少しずつ「世の中の問題にすること」という視点を、力を取り戻していった。「私」の苦しみを世の中の構造的問題へと、「われわれ」の苦しみへと

広げる。その拡張と連帯を土台としたアクションに「フェミニズム」という名がついていることを知った。フェミニズムとの出会いが、私を「ソーシャル」ワーカーにしたといえる。そしてそれまで支援の対象だった女性たちは、困難な世の中をサバイブする同志となった。今は在野のソーシャルワーカーとして、同志である女性たちと共に、シェルターやこども食堂といった「われわれ」に必要な場を作る活動を続けている。

何が私をフェミニストにしたのか。あるいは、何が私をフェミニストでなくしていたのか。

私たち女性は、そして男性も、本来は生まれながらにしてフェミニストなのだと思う。それぞれのありのままを、尊厳を守られていれば。しかし私たち女性を、男性をフェミニストでなくしてしまう仕掛けが世の中にあふれている。男性優位主義と性別二原論を基盤とする社会構造そのものがそうだといっていい。男性優位主義は必ずしも男性に幸せをもたらさない。女性も男性も、苦しみ傷つきながらフェミニストではなくなっていく。

私をフェミニストでなくしていた大きな要因は、「女だから」という言葉を奪われ、抑圧に適応するロールモデルとなった母の存在だ。そして母から言葉を奪った父であり、適応を強いた親族であり、日本のコミュニティであり、母の原家族であり、その原家族を傷つけた民族的な被迫害の歴史と貧困であり、つまり世の中全てだ。しかし母と言葉を通じ合わせることができても、空気のようにそこにあり、身体に取り入れなければ生きていけない様々な抑圧に抗うことは難しかったと思う。それでも、私はフェミニストになっていたはずだ。母と共に。

30代でフェミニストになった。30年間目を曇らせ続けてきた。しかし、娘がまだ幼いうちに「なぜこんなに苦しいのか、おかしいのか」を俎上にのせ、娘と並んで「女だから」という眼差しを向けることはできるようになった。私は娘をフェミニストにしなかったが、娘が「フェミニストでなくなる」ことを防ぐことは叶ったのだと思う。

40代の新米フェミニストは、相変わらず生きづらい。フェミニストではなかった30年間のうちに多くの言葉が奪われてしまったから。性別や容姿、年齢についての様々な、時に無自覚のハラスメントに咄嗟に言い返すことができず、後になって「ああ言えばよかった」と地団駄を踏み、「次こそはこう言い返そう」という言葉のコレクションだけが増えていく。キャリアの面で不当な扱いを受けなくなったのは単に特定の組織に所属する働き方から逃げ続けているからで、社会的には「40代シングルマザー・非正規雇用」という構造的不均衡を体現しているようなポジションにいる。抵抗の術がわからず、ただ私を苦しめるものから逃げ続けて、ようやく「笑えない場面で笑わない」や「女性にだけ敬語を使わない男性に対して敬語を使わない」ができるようになった、その程度だ。

それでも、貧困や虐待、性被害、進路選択での理不尽な制限、家庭内で担わされるケア役などに苦しむ少女たちに、女性差別という構造があることを伝えることができる。自分を苦しくさせている型に適応する必要はないのだと、適応せずとも生きられる道があるのだと示すことができる。あなたが苦しいのではない、あなたを苦しめるものがあるのだと、眼差しを重ねることができる。彼女たちが「フェミニストでなくなる」ことを食い止めることはできる。

「別に応援はしてくれなくていい。ただ邪魔はしないでほしい。それが上の世代に望むことかな」

娘はたびたびそう話す。少女たちがのびのびと幸福を追求することを妨げない大人であるために、本来フェミニストであったはずの自分を取り戻す。そのチャンスは何歳になっても訪れるはずだ。チャンスは痛みであり、傷つきであり、私たちを傷つけるものはこの世の中にあふれているのだから。

私のフェミはどこから。

上田久美子

私は結婚したことがないし、子供もいない。

一人で生きていくと決めてやってきたわけではないけれど、結婚しようという努力もしなかった結果そうなった。結婚や出産に対して社会の同調圧力を最も強く受けた世代の中にいる専業主婦の母親が、女の子でも経済力を持って自分の思うようにできたほうがいいし結婚はどっちでもいい、というようなことを子供の私に言っていたからかもしれない。今は、どこへ向かうかわからない人生を楽しんでいる。私は先が見通せる人生が苦手で、困難に立ち向かうことが好きな性質《たち》なのだ。高度経済成長期の恩恵があったことにより、この生き方を可能にする教育や資本を与えてもらえた幸運には感謝している。

私は新卒で東京のとある企業に就職したが2年ですっかり嫌になり、なかばやけくそで演劇の世界に身を投じた。

そこからのキャリアの中で、歳をとって上の立場になっていくと女性という属性が障害になることをひしひしと感じてきた。女性より優れていなければならないという強迫観念を刷り込まれた日本男性たちは、自分より立場や能力の高い女性に対して劣等感を持っている場合が多い。酒場のカウンターで隣の男性に話しかけられたとき、会話を続けたければ素性を言ってはいけないと緊張してしまう自分がいる。私は演出家でパリにアパート借りてます、と言えば、相手はたいていそれ以上話しかけてこなくなる。「お芸術」をやっており「おフランス」に住んでいるなんて、自分なんか見下されてしまうと思うのかもしれない。

経験不足の若い女性であることで男性社会の中では収まりがよくて、フェミニズムの問題に気づかなかった時期を過ぎた今、男性を人間の規格として成立してきたこの社会、特に企業文化に、女性にとってだけでなく男性にとっても重大な問題を私は感じていて、これから変えていかなければならないと、意識を新たにしていた矢先。

友人があるネット記事を転送してきた。「ソフトガール」が、男女平等化社会の最先端をいくスウェーデンで物議を醸しているという記事だった。「ソフトガール」というのは、TikTok発のトレンドで、女性がキャリアの追求よりもスローダウン、セルフケア、ウェルビーイングを重視する精神性を指し、スウェーデンでは「女性が仕事を辞めて、男性パートナーに経済的に依存するライフスタイル」として若年女性に広がっているそうだ。「専業彼女」あるいは「専業主婦」を目指す「ソフトガール」のファッションは、「優しそうに見える」ことが重要で、メイクも淡いピンクなどふわふわしたイメージが中心だ。これは私の母親世代に強いられた、従順でフェミニンで適齢期のうちに結婚市場で売れる女性像の演出を想起させ、私を心底ぞっとさせた。

スウェーデンでは、「ソフトガール」希望者の増加はフェミニズムの後退としてフェミニストたちから批判される一方、伝統的で女性らしい(女性らしさをそのように規定するのもどうかと思うが)生き方を選択する自由があるはず、という反論も多く、論争が起きているそうだ。当事者たちは、キャリア形成のためストレスを受ける祖母や母たちを見てあんなふうになりたくないと思ったのだという。

日本ではどうなのかと「専業主婦　希望者」とインターネット検索すると、真っ先にヒットするのは結婚相談所のサイトだった。その婚活サイトには「専業主婦希望者は多いが望みを叶えるのは難しい。ハイスペック男性を狙わなければいけないが、そういった男性には多くの女性が集まるので、若さや容姿などの高いスペックが求められる」とある。そして、専業主婦になるためにハイスペ男性」をつかまえるための注意点などが事細かに書かれていた。

「欧米ではフェミニズム運動がすでに第四波を迎えているにもかかわらず、日本ではさざ波さえ起きていない」「No Wave」などと揶揄されるように、日本はフェミニズムに対してあまりにも意識の低い国だ。「日本版ソフトガール」は昔からずっと存在し続け、昨今の社会経済の沈降による労働への虚無感・忌避感ゆえか、専業主婦志望者がさらに増えているとしても、それがなんらかの変化として驚かれたり批判されることは少ない。今の日本の若い女性のファッションを見るとまさに判で押したような「ソフトガール」路線で、婚活サイトでお見合いのために指南されているのもそういうファッションだ。電車に乗れば、淡い茶色の髪をゆるく巻いてプルプルの唇をすぼめて突き出した女性の顔写真に「粘膜ピンク」というキャッチコピーのついたリップグロスの広告が堂々と掲示されている。これは露骨に、若く艶々のヴァギナを想起させる粘膜のピンク色を、露出したパーツである唇に移植して、オスたちに自身が生殖可能な若く健康なメスであることをアピールすることを推奨しているに違いない。

寄稿のためにこれらのことを考えているうちに、どうしようもなく疲労感が増し、気が滅入った。

私の周囲には、男女格差の煽りをうけた有能な女性がたくさんいる。私は京都大学の文学部を就職氷河期真っ只中の２００４年に卒業した。親しいクラスメートの男性たちは一様に大手のマスコミに就職が決まっていったのに比べて、女性のクラスメートたちは就職活動が思うようにいかず、司法試験を受けたり医学部に入り直したりして手に職をつける人、非正規で働くようになった人、第一志望ではない企業に就職してすぐに転職し、その後も職を転々とする人などがいた。ごく少数、マスコミの広報など花形部門に内定した女友達がいたが、その人たちはずば抜けてモテる社交上手の美女で、早いうちに商社マンや広告マンと結婚して、退職して専業主婦になった。

つまり私は、他の男性クラスメートたちと同じ大手企業の土俵で仕事を続けた大学時代の女性クラスメートを一人も知らない。そもそもその土俵に立てたのも、男にモテる美女たちだけだった。

専業主婦になって幸せという人や、弁護士や医師になるために学び直す資本に恵まれた結果、生涯が保障された人々は別として、今も転職組として企業や公的機関で働く女友達は、一様に周囲からの仕事の評価も高く、もし男性だったら今よりいい条件で仕事につき、パートナーの男性との格差もないだろうと思われる。

私はこういう女友達に会うたびに、この社会に対する鬱憤を感じてきた。彼女たちは私と家庭環境も能力も似ていて、私自身のありうべき姿だからかもしれない。

そして、私のフェミはどこから来たか辿るなら、頭が良くていつも一生懸命で才能があった我が母が、専業主婦になり未だ幸せになっていないことについての、どこにぶつけていいかわからない不条理への悔しさからだろう。

そんなわけで、ソフトガール志望者たちに対して、あんたたちがそんなんだから女性の立場はこんなふうに最悪のままなんだ、他人に自身の生涯を託すなんて危険すぎる賭けだ、と苛立ちそうになるが、むこうにすれば、あんたみたいな「強者女性」から言われたくない、「名誉男性」から言われたくない、といったところだろう。

結局のところ、今の社会で、仕事の才覚があり、働くほうが男性に養われるよりベターな結果を得られる女性はそれを目指すだろうが、女性としての魅力という資本を活かしてハイスペ男性と結婚して働かない方が豊かに生きられるタイプの女性が「ソフトガール」を目指すのも止められない。誰だって、自分の資本を有利に使ってサバイバルする権利がある。

「ソフトガール」たちの男性への期待——自分たちはアッパーミドル層の男性を支えるので、男性は組織の中で出世して家庭に安泰をもたらしてくださいね——は、「強者女性」の求める男性中心主義社会の転覆と全く相反する。

だから、既存の男性中心主義を支え再生産する女性たちと、フェミニストな女性の間で分断が起きて連帯できないとはよく言われる話だが、そうならない変革があると私は思う。

「強者女性」が求めるように現行のシステムの中で女性の機会を均等にしても、そこでもストレスを多く受けるのは女性であり、スウェーデンではそれにNOを言いはじめたのだ。この問題は、労働における時間管理の制度も、言説のルールも、すべて男性の身体やコミュニケーションを規格として形作られてきたことに起因すると私は考えている。

「健全」とされた一部の男性の身体を規格として設定されてきた労働やコミュニケーションのありかたを見直していきたいというのが私の立場で、それができれば、競争に加わりたい女性だけでなく、すべての女性にとって、また男性にとっても、もっと生きやすい社会になるはずだ。現在進行中の「時間の起源と終焉（仮題）」というダンスパフォーマンスは、このテーマを探究するためのプロジェクトだ。

コロンブスがジェノバから出航し金融資本主義が幕を開けた時代に、人間が機械時計で時間を計測しはじめて以来、1秒は万人にとって客観的に同じ1秒になり、それまでは神のものだった時間は人間個人が所有できるものになり、それは貨幣と交換可能になり、転じて資本家たちは人々を時間で支配することができるようになった。この機械で測られた時間は、人類の何十万年の歴史の中でたった500年ほどしか存在せず（日本では明治以降なので200年も経っていない。明治時代に来日した西洋人は、日本人の時間へのルーズさにおかんむりだったという）、現代人が生まれ落ちた時からあることになっている1分や1秒は、人為的に策定された新しいルールなのである。日の長さの変化や、出産などによる身体の変化に伴い、あるいは子供の没入的な時間感覚に親が寄り添って、本来は伸び縮みする時間と共に生きてきた人間にとって、無情に冷徹に1分1秒が前に進み人々を従わせるルールの中で生きることが、心身にどのような作用を及ぼしているのか。

こんな疑問から、「時間の起源と終焉（仮題）」というパフォーマンス作品を計画しているが、本稿は、私のフェミはどこから、がお題なのでここで筆をおきたいと思う。

風が吹く野原が心の中にある

小川たまか

私のフェミはここから、はこれまでに何度か書いていて、それは自分の痴漢（強制わいせつ）被害から入って性暴力の取材をするうちにいつの間にかフェミになっていたよという話なのだが、同じことばかり書いていてもなんなので、今回は別の話にしたい。

私の心の中にある心地よい場所の話。たぶんそれは、私の中のフェミニズムの土台を支えている。

登校初日から山手線の中で痴漢に遭い、それはしばらく誰にも言えないほどグロテスクな経験だった。１９９０年代の半ば、あの時代の高校生の多くがそうだったように頻繁に痴漢被害や、「援助交際」の声かけはあった。

けれど、それは当時の私にとって外の世界の話で、ドラクエで言ったら町や村ではない場所だから魔物が出るのは当然だった。学校の門を一歩くぐればもう、そこは楽園みたいに楽しかった。楽園に大人の捕食者がいなかったわけではないだろうが、大体の捕食者は陰気なので、なるべく群れて奇声を発したりバカでかい声で笑っていれば近寄られずに済んだ。

永田町に近い都立の進学校だった。グラウンドの向こうには国会議事堂が見えた。校風はリベラルで生徒会は学生運動の頃に解散して以降ないまま。校則もあってないようなものだった。制服は一応あるのだが、着崩しても、当時流行っていたルーズソックスを穿いても、他校のプリーツスカートを穿いても、教師たちは何も言わなかった。部活のジャージで登校してきて、そのまま授業を受けてさえ問題なかった。

3年生になってからジャージのままで予備校へ行き、他校の生徒に「ジャージ着ている人がいる……」とヒソヒソ声で話されて初めて、あの学校で見て見ぬふりされている様々なことは他で通用しないのだと悟った。

校舎には下駄箱がなかった。外履きのままで校舎に入り授業を受ける。2階と3階は吹き抜けになっていて、休み時間には2階のちょっとしたスペースから3階の廊下にいる友達と話をしたりした。

授業は大学みたいに休講が多くて、私たちはそのたびに校庭の近くにある芝生とか、教室の外にあるバルコニーで寝転んで過ごした。校外のマックに行くこともあったような気がする。

ライターになってからいじめの取材をしたとき、ある研究者の人が言っていた。今の学校現場は、まるでいじめ実験をしているようなものだと。壁で囲まれた教室の中に40人を詰め込み、大人が校則によって縛る。受験や将来へのプレッシャーがあり、均質性の高い集団に見えて、だからこそそれぞれの家庭の経済格差や個体差が顕著になりやすい場所でもある。

そういう中で人間がヒエラルキーを作ったり、誰かをいじめたり、排除しようとしたりするのはむしろ当然で、まるでいじめを発生させるために人間を箱の中に閉じ込めているようなもの。そういう話だった。

私の通った高校にいじめがまったくなかったとは言わないが（私の知らないところであったかもしれないから）、90年代後半のガチャガチャした暗い世相の中、気難しい年齢の人間が集まっていたわりにはかなり落ち着いていた。そしてその理由は、放置主義に近いゆるい校則や、開放感のある校舎の構造、校庭の向こうに見える広い空と無関係ではなかったような気がしている。

東京には空がないと智恵子は言ったというけれど、東京の真ん中には、実は空がぽっかり空いている。あの頃の私はそんなふうに思っていた。

かつて名門だった母校の進学率はその時期目に見えて低迷していて、私たちが卒業した後に大きな改革が図られたと聞く。あれだけ多かった休講は、今はないはずだ。

「女子校育ち」がフィーチャーされるたびに少しだけ私の胸に去来するのは、私は共学だったけれども、共学もまちまちだぞという思い。

私の通った高校はなんだか女子がやたら元気だった。

男子生徒の多くが将棋の藤井聡太さん（竜王・名人）みたいな雰囲気で、つまりオラオラと正反対のタイプの人たちだった。男子が強がっていないと、女子が「女子らしく」しなければならない空気が薄くなる。

オラオラ系やスカしたタイプの男子（あるいは女子）がいないわけではなかったが、少なかった。校則があれだけゆるいのに、当時で言う「ギャル男」や「コギャル」は学年に1人いるかいないかの希少種だった。

温厚な生徒の割合が分水嶺を超えるとオラオラな人たちがオラオラしなければならない理由がかなり薄まる。そしてオラついた人がいないと、オラつく人の機嫌を取ろうとする子分も発生しない。

「温厚な」と書いたけれども、今振り返ってみてもっとぴったりとした言葉を探そうとするのであれば、あれはつまり、人と自分の区別がついている人間が多かったということなのだと思う。基準となる物差しは一つではないし、絶対でもないとなんとなく理解していると、人は誰かにマウントを取らずにすむ。

それぞれに得意分野があり、目標があり、好きなことや趣味があり、それぞれがそれぞれを頑張ればいいのであり、時と場合によってリーダーが順番に代わっていく、それは当たり前のことで、誰かと比べて優劣をつけている場合ではない。根底の部分で他人の目標へのリスペクトがあり、そうなると「スクールカースト」なんて意識している方が恥ずかしい、となる。

制服をどれだけセンス良く着こなすかとか、どの男子校のバッグを持っているか。そこで決まる何かがないわけではなかったが、流行に乗らない人たちに対しても尊重があった。

globeっぽく言うなら「みんなもそれぞれRULE持っていた」。「くだらない男を取り合い」したことはあったかもしれない。

教師は楽だっただろうと思う。

彼らが多少ざわついたのは友人の女子2人が頭を丸めたときだった。屋上で、バリカンで。

理由は「水泳部なので、なるべく流線形に近づきたい」というギャグだったのだが、普段おっとりとした教師たちが、このときばかりは「女の子が頭を剃るなんて、何かよっぽどの……ことがあったのではないか」と気を揉んだらしい。

今思い出したが、当時大きな話題になった人気俳優さんのヌード写真集をお金を出し合って買って教室に置いたことがあった。これは担任教師が「ダメだぞ」と言って持ち去ったが、教員室に抗議に行った私たちと教師はお互い笑っていて、そこまで含めてイベントの一環みたいなものだった。

校舎内で鬼ごっこやかくれんぼをして、七夕には笹を教室に持ち込んで、ハロウィンでは仮装をしたまま授業を受けて、誰かの誕生日には後ろの黒板にバースデーメッセージがあり、クラス全員が一言ずつ手紙を書いた。毎日何人もの女友達とつるんで、ふざけ倒していた。

誰かに彼氏ができても、女友達の輪の中からそこへ出かけていくような感覚だと私は思っていた。ホームが女の輪で、彼氏との関係はアウェイ。それが逆になったのは高校を卒業してからだと思う。

私はといえば高校入学の頃は「スクールカースト」を内面化していた人間だったし、女友達に対しての期待をあまり持っていなかった。

小学校時代は男子児童を中心とする、誰かを順番に無視するタイプの、大人が気づきにくいいじめがクラスを支配していて、いじめグループも含め誰もが怯えていた。中学校は少しマシだったけれど、クラスでいつも一緒にいる女子が陰で私の悪口を言っているのは知っていた。私も彼女を内心ではバカにしていたのだから同じようなものだ。

自分のいないところで何か言われている。

持ち物のダサさで笑われる。

ある朝、急に無視されて、考えても原因がわからない。

でもそれは自分が悪いらしい。

そういうことに怯えなくていい人間関係というのは、風が吹く野原のように心地良く、自由で、自分の心を解放する土台になってくれる。自分の心を守りながら毎日を過ごさなくてもいい人間関係があることを知ったのは、私の場合、高校に入ってからだと思う。

高校1年生の春、クラスの中で最初に友達になった子が、少し離れたところにいるグループと仲良くなりたいと言った。あ、そうやって仲良くなっていいんだ、なれるんだという発見は私にとって大きかった。女子は2、3人で固まってなくてもいいんだ。

こんなことは取るに足らないと思う人が多いかもしれないけれど、私にとっては人生の中の忘れられない一瞬だった。

大学生や社会人になってからの人間関係に、辟易したことはもちろんある。けれど、あの当時の経験があることで、私は人を信用することができていると思う。

逆に言えば、あの3年間の経験がなければ、人をヒエラルキーの中で順位付けして誰はどのぐらいだろう、自分より上か下かと考えることや、その競争に身を置くことに無自覚なままだったかもしれない。

まるで永遠のような3年間で、私は卒業後に人生が続くことが信じられなかった。楽園は温室でもあり、温室から出た後の肌寒さで大学に入学した頃はよくくしゃみをしていた。ジャージを着て予備校に行ってドン引きされたように、私は私立のおしゃれ大学の中で浮いていた。温度差のバランスを取るために試行錯誤しているうちに20代半ばになった。

最近、話を聞いた80代のフェミニストがこんなことを言っていた。「人との関係が対等であること。運動の中でも対等であること、それが大事だ」と。

人間は組織やコミュニティの中でどうしようもなくヒエラルキーに飲み込まれてい

くことがある。社会運動の中での、権力勾配を利用したハラスメントや、誰がより自分を犠牲にして活動に貢献しているかといったマウント合戦のような応酬を見聞きすることもある。若い人の運動の中でも、フェミニスト同士でも。

対等な関係とは、どうしてこんなに難しいのだろうと思う。まずお互いが対等な状態というものを経験、理解していないと成り立たないし、その上での継続的な努力が必要だ。

私と同年代の、医療の専門家であるフェミニストから聞いたのは「対等な関係の構築は性格ではなくスキルの問題」という話。これはいいことを聞いたと思った。どんな風に生まれてどんな境遇で育ったとしても、対等な関係はいつからでも習得することができる、そう思いたい。多くの人が自分の性格や運命を呪わずにすむのであれば、それに越したことはない。

子どもたちが意地悪の呪縛から自由になって、大人たちがマウンティングやヒエラルキーから解き放たれた社会を私はいつか見たい。そのヒントはすでにあると思うから、人間の知恵を信じていきたいのだ。

パワーのこと

星野概念

フェミニズムという言葉が、今書き始めている文章のテーマになるはずですが、フェミニズムについて論じる言葉を今の自分は持っていないように思います。ジェンダーに関連する感覚や考えは、自分の中で変化し続けていて、それが暴力的なものでなければいいと心から思いますが、それを決めるのは自分ではないでしょう。

僕は男性です。身体的にも、社会的にも強さを持っています。この強さは、芯の強さなどの意味ではなく、力の強さや権力、パワーを意味しています。物心ついた時から強さを持ち、いろいろな場面で男子として、男性として、それを行使してきたと思います。

生まれ育つ過程で、自分が男性であることに違和感を持ったことはありません。児童から思春期を経て成人になる時期の社会的な価値観を、男性として過ごし、身につけてきました。

男性としての強さを行使した時、逡巡の上、ここは強さに頼ろうと判断してきたわけではなく、ほとんどのことが無意識的だったことを振り返ると、とても複雑な気持ちになります。きっと自分で自覚している以上に、強さを持たない人を傷つける可能性のある何かが、自分の中に存在するに違いありません。

いつからか、このことにできる限り意識的でいたいと考えるようになりました。一方で、ジェンダーのことを専門的に考え尽くしてきたわけではありません。男性としての強さを有する自分が、ジェンダーやフェミニズムについて論じることで誰かを傷つけてしまうのではないかという恐れは、克服できていません。だからこそ、フェミニズムについて論ずる言葉を持っていないと思っているのですが、本書の編集者である吉田さんに、精神医療における医師の有する強さのこととジェンダーに関することは重なるのではないかとご指摘いただき、そうかもしれないと考えてこれを書いています。

精神医療における精神科医の強さについても、考え切れたと胸を張れるわけではありませんが、常に専門的に向き合っているので、論じることはできます。今のところ本稿の主要な話題は、精神医療における精神科医の強さに関することになりそうです。

僕が尊敬する精神科医、山本昌知《まさとも》さんの言葉に「負ける精神医療」というのがあります。僕が論じてみたいと思っていることは、この山本さんの言葉に内包されている気がします。山本さんの以前の講演録の中に、医療者は勝ちすぎてきた、負けるくらいの構えが必要ではなかろうか、という内容を話しているものがあります。これが「負ける精神医療」の提言になっています。僕はこの講演録を読んだ時、自分の中で言葉にならずに渦巻いていた感覚を言葉にしてもらえた気になりました。

医療者は勝ちすぎてきた、とはどういうことでしょうか。当然ですが、医師を含めた医療者は医療のフィールドに多く存在します。その中で医師が主に何をしているかと言えば、診療です。診察をして、診断を考え、治療を行うことが診療の中身と言えます。

身体疾患で考えるとわかりやすいです。例えば骨折。問診やレントゲンなどの検査をするのが診察で、その結果、〇〇骨折などの診断が導き出されます。検査結果ははっきりしているので、丁寧な説明があれば、患者の立場の人も納得できることが多いと思います。レントゲンを見て、明らかに骨が折れている時に、骨折と言われることに違和感がある人は多くはないでしょう。診断がはっきりすれば、それに基づいて手術、コルセット、経過観察などの治療方針を提案し、話し合います。この際に、必要性を理解しながらも、何かしらの理由で手術はしたくないと思う人もいると思います。以前、『僕は猟師になった』という猟師の人のドキュメンタリー映画を観ましたが、骨折をした猟師は、動物だったら手術はしないからという理由で手術を断り、担当医はそれに従っていました。このように、医師が専門的観点から提案したことを否定される形になった時にも、本人の意思だから尊重すべき、と考えやすいのは、治療が必要な臓器が明確で、それが判断能力に影響していないと信じられるからではないかと思います。

これを精神科の診療にあてはめてみます。まずは診察で話をします。気持ちの辛さ、不眠、不安など、様々な辛さが話題になります。時には、話をきく側が体験したことがない、不思議に思える困りごともあるでしょう。この診察の段階ですでに、身体疾患とこころの困りごととの違いが生じています。

典型的な身体疾患の診療と、こころの診療の大きな違いは、困りごとの対象になる臓器がはっきりしているか否かです。それがはっきりしているということは、検査でも治療でも具体的なイメージを描きやすく、そこから話題がずれた時の違和感も明確に感じやすくなると思います。身体疾患の場合、基本的に病気は身体のものであり、病気が生じる背景に、例えば生まれや育ちの難しさなどは関連しません。関連するのは対象になる臓器と、その周辺の血管やリンパ、神経などになるのだと思います。もちろん、病気はその人の人生の辛い一側面ではありますが、その人そのものではないことがはっきりしています。病気だから自分自体を否定する、という考えになった場合などは、まわりが違和感に気づいて指摘もしてくれそうです。

一方、こころの辛さの場合、困りごとの背景には、家族関係や、経済的な状況、夢を持っているとか、その夢が叶っているとか、仲間の有無、社会的な孤立の状況など、いくらでもその人の生活や人生に関連する話題とのつながりが見え隠れします。そもそも、こころは臓器ではありません。辛さの主体であるこころが何ものなのか、明確に指し示すことは誰にもできないのです。だからこそ、こころの辛さについて考えたり話し合ったりしていると、それは限定されたどこかではなく、その人の全てに関連している気になります。かかわればかかわるほど、こころの困りごとは、医学が病気として扱う範疇を超えているのではないかと感じるのです。

そんなに難しいものを、精神医学はこれまでどうしてきたかというと、詳しく書けばいろいろとあります。省略せずに詳しく書くべきとも思うのですが、文章の趣旨が変わってしまいそうなので、この点は別の機会があれば書きたいです。問題だと思うのは、精神科医はこころの困りごとを医学で解決しようとしすぎてきたのではないかということです。

歴史を振り返ってみると、社会からの要請も多くありました。いつからか、非日常的な状態に苛《さいな》まれている人を見て、ただ困っているというだけでなく、その人のこころは病気であると考える思考回路が多くの人の中に生まれ、それに医療が応えようとし続けてきた側面がある気がします。

なぜ病気だと考えるかと言えば、その人の困りごとについて、多くの人が、了解可能な範疇を超えていると感じるからだと思います。身体疾患で言えば、例えば非日常的で多くの人には訪れなさそうな痛みがあれば、救急車を呼んで病院で診てもらおう、と考えるでしょう。それと似た形で、こころが非日常的に辛いのは病気なので、病院で専門家に相談するのが得策である、と認識されているのだと思います。

ここで思うのは、人のこころを病気であると考えることの深刻さです。先ほど書いたように、こころは臓器ではないどころか、特定の何かしらでもありません。それゆえに、その人そのものを指す印象にさえなります。その人そのものを病気である、健常ではない、と判断することは、その人の中の一つの臓器が病気であると判断することと異なります。

特定の臓器が病気であるということは、それ以外は病気ではないとも考えやすいわけですが、特定されない場合、その人そのものが病気であり、うれしくない方向で特別であるという自他の認識につながってしまいます。

これは、その人の中に病気の臓器があるという、臓器と臓器の境界線ではなく、社会の中に病気のその人がいるという、人と人との境界線を生みかねません。この境界線で隔てられたその人は、社会の少数者であり、弱者として孤立しやすくなると思うのです。

今では、合理的配慮という言葉があるように、少数者には多数者に感じられない困りごとがあり、それがなるべく減るようなあり方をみんなで考えるというのが倫理的であり常識的です。でも、こころの困りごとを病気である、と設定すると、社会全体でそれについての配慮を検討し尽くす前に、病気だから病院に行くべきだと考えるのが正しい気になります。こころの辛さがある人は、優しく社会から隔絶されていく形になりえます。

その中で、精神医療はどうしてきたのか。ある視点で言えば、精神医療は医療としてできる限りのことを考え、実践してきたかもしれません。それは、困っている人のことを病気として診断し、医療的な治療を行うということです。

ここで先ほどの問題を思い出します。こころに焦点を当てて診断をするということは、医学がその人のこころは病気であると決定することです。こころが病気であると決定することは、その人の臓器ではなく、その人そのものが健常ではない、と判定することになりかねないわけですが、医学がそれを行う場合に生じる過剰な信憑性は、こころに辛さがある人を苦しめることが少なくありません。

精神医療の中には、身体の診察における検査のような明確な判断材料がありません。診断といっても、実はかなり曖昧なものです。でも、医療のイメージと曖昧さは結びつきにくく、曖昧なこころの診断であろうと、それは科学的に覆しようのない事実のような雰囲気を帯びます。

医学のこのような力の強さを、医師をはじめとした医療者は自覚しておかないといけません。客観的にみれば医学は、多くの医療者が自覚しているよりもずっと権威的です。間違いをすることがあるはずがない「お医者さま」といった存在が、その人のことを普通ではない、と判定することは、権威者が少数者の烙印を押すようなことども考えられます。社会の中で少数者であるという自覚があるその人やその家族は、それだけでも引け目を感じているのに、さらに医学でダメ押しをされれば、それに違和感を覚えたり、表明したりする感性さえ麻痺してしまうのではないかと思います。

僕は、医師として修練を始めてからしばらくの間、過信の感覚なく、精神医学を学んでいる自分を過信し続けていました。自分が考えた診断に異を唱えて違和感を教えてくれる人の声に対しては、その違和感の理由をたずねずに、医学的にはこうなんですよ、と更なる声を封じる説明を積極的にしていました。

薬は飲みたくない、こんな治療はしたくない、と伝えてくれる人たちに対して、今は医学的にみて判断力が鈍っているので、まずは治療をしてから考えましょう、と話していました。無意識的だったがゆえに誠実そうに、丁寧に、医学という権威があなたと比べて間違っているはずがないんですよ、と説明を尽くすという、恐ろしい力を行使していました。

僕は今、そのような時期から変容のプロセスの中にあります。到達点はないとも思うのですが、変容のきっかけになった大きな出会いは、フィンランドで生まれた対話の文化との出会いです。対話の文化をつくってきた人たちは、その根底にある大切なものとして、他者性のことを紹介しています。

他者性とは、自分以外の他者は、どんなに近くの人だとしても圧倒的に異質な存在である、というものです。例えば、ある人が何かしらの言動をする時、その人の内部ではそれまでの経験や体感に紐づくかもしれない根拠が、意識的にも無意識的にもあると思います。この時、その人以外の全ては、絶対にその人の外部に存在します。外部からはわかりえないものをそれぞれに抱え合っているということは、お互いに異質な存在だと言える、というのが他者性の考え方です。

我々は、すぐにそのことを忘れてしまいます。その人そのもののことを評価したり、わかり切ることは絶対に無理なのに、自分の内部の価値観や知識を用いてそれができる気になってしまうことは、その人の内部にしか存在しない大切なものを結果的に無視することになります。これは、誰にでも生じうる暴力性と言えるのではないでしょうか。

このことになるべく意識的であろうとすると、他者とかかわる時、自分がそのような暴力的な姿勢になっていないかということが、消えない不安としてつきまといます。僕は、それらの不安を気に留め続けることは、人間関係において必須のことだと考えるようになりました。また、その人のことをわかり切れないと思うと、その人の中に何が湧いているのかを教えてほしいという好奇心も続きやすいことを実感しています。

決めつけたり、ジャッジと言われるような評価を自分の中でしてしまえば、それは暴力的であるだけでなく、その人に対する好奇心が減ってしまいます。せっかくかかわりを持っているのにもったいない気持ちにもなるのです。決めつけようとすることなく、好奇心に基づいて関係を少しずつでも深めていくあり方を追求したいと思っています。これは、こうして文字で書くと堅い印象になりますが、ゆるやかに平和につながるやわらかいコミュニケーションの姿勢になりうるのではないかと想像しています。

精神医療の中で対人援助の活動をしていると、こころの辛さについて医療は何ができるのか、という命題を与えられた気持ちになります。でも、何をするにしても、こころとかかわるということはその人そのものとかかわるということです。他者性を基盤にした対話的な姿勢を崩してしまうと、その人そのものとかかわること自体が暴力的になりかねません。医療うんぬんの前に、忘れてはならない大切なものがあると、今は思います。「負ける精神医療」の「負ける」は、精神医療の医療っぽい、権威的な側面を医療者が手放し、人としての側面への意識を強く持ち続けるという雰囲気をまとっているように感じます。一見、専門職の専門性が薄くなるような負け感があるかもしれませんが、これこそが対人的かかわりの奥義なのではないかと思っています。

さて、やはり最後までフェミニズムのことに明確に結びつくことはありませんでした。でも、人とかかわる際に必須であると思えるこれらのことを述べられたことには何かしらの意義があるような気がしています。読んでくださったみなさんにどのように響いただろうかと考えながら。

聞こえているから自分も言える

野中モモ

幸運なことに、フェミニストを自称しているひとが書いた最高におもしろい本を何冊も翻訳する機会に恵まれてきた。一部を挙げれば、ナージャ・トロコンニコワ『読書と暴動 プッシー・ライオットのアクティビズム入門』、ヴィヴィエン・ゴールドマン『女パンクの逆襲 フェミニスト音楽史』、ロクサーヌ・ゲイ『バッド・フェミニスト』『飢える私 ままならない心と体』、ルピ・クーア『ミルクとはちみつ』などだ。自分自身も「そもそもこの世の中が基本的に反フェミニストすぎるから、うまく馴染めてない私は生きてるだけでフェミニスト」という気持ちでいる。

なので、このたび「あなたのフェミはどこから?」というお題をいただき、書きます書きます書かせていただきます、と軽率にお引き受けしたものの、改めて考えてみると思っていた以上に難しい! 当然ながらそれはこの社会に深く広く浸透している性差別に気づくところからはじまるものだから、どうしたって楽しい話にはなりようがない。自分がそうした認識を深めるきっかけになった出来事として思い浮かぶ経験はいくつかあるけれど、改めて向き合うには気力と体力が必要だ。さらに、それらを公にすることには、家族や友達、取引相手など、これまで関わってきた人びとを気まずくさせたり、自分の立場を悪くしてしまったりするリスクも伴う。なんだろうな、銀行の口座に5億円ぐらいあってもう人生怖いものなしならどんなことだって言えるのだけど……。たぶんそれはみんな同じで、人間の経験のいちばん暗くて重い部分はまだ十分には語られていないのだ。

このように人生のさまざまな段階で性差別による不利益を被り、それを意識せざるを得なくなってしまったのは不幸なことに違いない。だがそれと同時に、自分がいまフェミニストだと人前で言えるのは、ある意味で特権的な立場にいるからでもある。たとえばイランでヒジャブ着用の義務化に抗ったり、タリバンが実権を握るアフガニスタンで女子教育の再開を求めたりしている人びとは文字通り命がけで行動しているわけで、仮に自分がそういう環境に置かれたとしてあんなふうに勇敢でいられるかどうか正直心もとない。そこまであからさまに権利を制限されていなくても、日本で生活するにあたって自分の身を守ろうと思ったらフェミニスト的な主張なんて大っぴらにはとてもできない、という人もまだまだ少なくないだろう。「なんとか現状に適応して日々を生きる」以上のものを人生に求めることが贅沢と言われてしまいかねないほどの疲労と諦念が社会に蔓延《はびこ》っているのをひしひしと感じる。

そこで性差別を黙って受け入れるのをよしとせず、勇気を出して異議申し立てをすることが決して無駄ではないと思えるのは、つまりまだ社会への信頼がほんの僅かでも残っているということ、絶望していないということだ。そう、驚くことに私はまだ生きていたいし、地球がいますぐ滅びるのは嫌だと思える。そもそも都会に生まれて大学を出て本とか出している時点でそうとう恵まれている。こんなに恵まれているのにこのていたらくですみません……と申し訳ない気持ちにならざるを得ない。

そういうわけで、洒落にならないほどつらい経験も自分が幸いにして出会えた立派な人たちや素敵な経験の話もなかなか書く気になれないのだ。だからここでは、たまたま学校という同じ空間で同じ時間を過ごした何人かの友達による、私の目にうつる世界をほんの少し変えたちょっとした発言や行動をいくつか紹介しておきたい。人間は衝撃的な事件をきっかけに変わることもあるけれど、そこに至るまでにはなんてことない小さなできごとがたくさん積み重ねられているものだと思う。決定的な啓示の瞬間は、ぱちんとスイッチを押して電気が点灯するというより、少しずつ掘り進めていたトンネルがついに開通して光が射し込むように訪れるのではないだろうか。この比喩もまだドラマチックすぎるかもしれない。

まずは私が東京の区立小学校に通っていた80年代半ば、5年生の秋のこと。参考までに書いておくと、団塊ジュニア世代で最も人口の多い学年で、児童数は一学年に200人ほどだったと思う。名簿が男女で分けられていた時代だ。

その秋、学芸会の演し物として学年全体で八木節を合奏することになり、各自担当する楽器は児童の希望をもとに決定された。特に演奏力に自信がなかった私は大勢いるリコーダーのひとりに収まった。そこで当時仲がよかったSさんは大太鼓を希望したのだけれど、なんと女子だからという理由で男子に譲るよう教師に説得されたのだ。お若いかたがたには意味不明だと思うが、その頃には「いちばんの花形ポジションは男子がやるもの」とされていたわけだ。この衝突が結局どんなふうに着地したのかは覚えていないけれど、何それひどい、納得いかない！と女の子たちで不満を語りあったことは忘れられない。

ちなみにSさんは自分と違ってすらりと背が高く運動神経が良くて成績も優秀な女の子で、地域でよく知られた高級マンションに住んでおり、後に東大に進学した。のびのびと育って波風を立てることを恐れない彼女の存在は、いろいろなことに気づくきっかけを周囲の子どもたちにもたらしていたように思う。あの頃のクラスメイトには彼女のようなお金持ちのうちの子もいれば、あきらかに栄養が行き渡っていない子もいた。もしほんの少し時代が違ったら、前者は小学校から私立に通っていたかもしれないし（彼女は国立小学校の抽選に落ちたと言っていたっけ）、後者は学区内に住み続けることができなかったかもしれない。実際、その後バブル経済の到来と共に古くからあった住宅の多くがマンションやオフィスビルに変わり、自分も含め小学校の友達のほとんどがあの街を離れていった。そんな貧富の差が激しめの環境で、当時はまだ少数派だった共働き家庭の子として育った経験が自分のフェミニスト的なものの見方の根底にあるのは間違いない。

次に思い出されるのは、地元の公立中学校が荒れまくっているという噂に怯えて進学した中高一貫教育のミッション系私立女子校でのこと。ちょっと変わった宗派の学校だったのだけれど、毎朝の礼拝や週に一度の聖書の授業などで、日常的にキリスト教の教えに触れる機会があった。そこでクラスメイトのあいだで論議の的となったのが、新約聖書のマルタとマリアのエピソードである。

一行が歩いて行くうち、イエスはある村にお入りになった。すると、マルタという女が、イエスを家に迎え入れた。彼女にはマリアという姉妹がいた。マリアは主の足もとに座って、その話に聞き入っていた。マルタは、いろいろのもてなしのためせわしく立ち働いていたが、そばに近寄って言った。「主よ、わたしの姉妹はわたしだけにもてなしをさせていますが、何ともお思いになりませんか。手伝ってくれるようにおっしゃってください。」主はお答えになった。「マルタ、マルタ、あなたは多くのことに思い悩み、心を乱している。しかし、必要なことはただ一つだけである。マリアは良い方を選んだ。それを取り上げてはならない。」

（ルカによる福音書　一〇章三八―四二節）

いや、マルタがんばってるのに可哀想すぎない？　どう解釈すればいいの？　働きをアピールするのは押し付けがましいってこと……？

困惑にざわつく休み時間の教室の片隅で、クラスメイトのKさんは「そんなのマリアのほうが若くて美人だったからに決まってるじゃん！」と言ってのけたのだった。ジーザスだって男だから若い美人に傾聴されたら贔屓《ひいき》したくなるんだよ、という不謹慎ジョークである。

当時の私たちはまだ「ルッキズム」も「エイジズム」も言葉としては知らなかったと思う。けれど、そういったものさしでひとを値踏みする視線は日々感じ取っていたのだ。別のクラスメイトがある教師について「30過ぎてすっぴんはキツいよね」と言うのを聞いて、自分にそんな発想はまったくなかったから驚いた記憶もある。人気者で利に聡い彼女は、周りにいる人や普段見ているテレビを通じてそういう価値観を身につけたのだろう。それに、制服姿で電車通学している私たちは、えぐい痴漢に遭うことも珍しくなかった。自分たちのような子どもに一方的に絡んでくる一部の男性たちの不気味さ、得体の知れなさに日常的に直面せざるを得なかったのだ。

Kさんはいわゆる古き良きおたくだった。当時ロングラン上映されていた映画『モーリス』をひとつのきっかけに、『アナザー・カントリー』などのイギリスのゲイ映画や文学にどんどん詳しくなっていくのを、同じ熱は共有できなかったけれど近くで眺めていた（ちなみに『モーリス』がシネスイッチ銀座で公開されたのが1988年1月。近代映画社のムック『英国映画の美しき貴公子たち』が出版されたのが1989年の夏）。森茉莉の本もケン・ラッセルの映画もあの子が教えてくれたっけ……。権威を笑いとばしてもいいんだ、正しいとされているものを疑ってかかってもいいんだ、という態度を、彼女は控えめながら目の前で見せてくれたのだ。

この頃の友達ではもうひとり、Iちゃんにも恩がある。彼女はあるときプラトンの著作からタイトルを借りた映画ファンジン／同人誌を貸してくれた。当時はインターネットがまだ一般に普及していない時代、そうした自主制作メディアは自分よりちょっと年上のお姉さんたちの生の声を聞くことができる貴重な場だったのだ。今ではそういうのはSNSでいくらでも聞き放題だけれど。さて、その〝薄い本〟には映画のパロディ漫画や小説に並んで2~3人の執筆者たちによる筆談も掲載されていて、その本編の「おまけ」的な手書き文字の何気ない一節が、私に強い印象を残すことになった。そこでは私も名前を知っていたある映画評論家が「わかってないよねー」と批判されていたのだ。そして、その記述そのもの以上に、それを読んだIちゃんに「そうだよね、わかってないよね!」と前のめりで同意を求められたことが、自分にとって画期的な体験だった。

その時にはまだはっきりと言語化できていなかったけど、あれは「発信すれば誰かに伝わる、黙っていたら伝わらない」という確信を心に芽生えさせたできごとだったと思う。電波メディアや報道機関や大出版社の上層部は2024年現在でも圧倒的に男性多数、いわんや20世紀に於いてをや。商業出版された本や雑誌には基本的に出版社の偉い人たちの承認を得た意見しか載っていないのだから、自主制作して自分の意見を表明することには意義がある。私はそういうことを10代の頃に、今より狭くて今ほど大々的には商業化されていなかった同人誌の世界でいつのまにか学んでいたのだと思う。たとえ直接的にフェミニズムを謳ってはいなくても、彼女たちの実践は確かにフェミニズムに通じていた。

以上、自分にとって印象深い思い出を書いてみたら、結局のところ都会育ちの恵まれた人の話になってしまった。そしてこれを言うと自分の甲斐性のなさがバレてしまってお恥ずかしいのだが、SさんもKさんもIちゃんもずっと会っていないし、今は何をしているのか知らない。けれど、彼女たちから教えてもらったことは確実に私を作っているし、感謝している。そういう薄くて細いつながりがたくさん撚り合わさって、「ここから」と点を打つことは不可能なフェミニズムを私の心に形作っているんじゃないかと思う。つまり、性差別の解消を願うあなたの発言やふるまいは、たとえその場の空気を悪くしてしまっても、全然響いていない様子でも、積もり積もって何かを動かすかもしれないのだ、本当に。

ＢＬとフェミニズム（のようなもの）

水上文

わたしがフェミニズムに出会ったのは、ＢＬのオタクだったからである。

わたしが中学に入学し、ＢＬに出会ったのは２００５年である。

それはつまり、ジェンダーやセクシュアリティに関する先進的な取り組みを妨害し、前に進もうとする人々を押し止め、押し戻そうとする動きが猛威をふるった時代に思春期を過ごした、ということである。バックラッシュとその余波の時代、そしてバックラッシュを稼働させる保守的な価値観がごく当たり前のものとして主流化していった時代。その頃、「フェミニズム」とはあたかも蔑称のようだった。

でも、わたしにはＢＬがあった。

フェミニズムはわたしに、抑圧を作り出す社会構造を把握し、構造をこそ批判することの重要性を教え、そして性とは避けがたい運命ではなく思考の対象になり得るものだということを、教えてくれた。けれどもわたしにとって、まずもって「フェミニズムのようなもの」として存在したのは、BLだったのだ。

どうしてBLが、「フェミニズムのようなもの」として感じられたのだろう？ それはわたしにとって、BLとはいったい何かを問うことそのものが、ある種のフェミニズムのレッスンだったからである。

中学生になってBLを知った時の解放感は、わたしにとって計り知れないものがあった。

幼い子どもとして過ごすこの社会は、端的に言って危険に満ちていたから。ひとりでいれば大人の男性がスカートに手を突っ込んできて、雑踏の中を歩いていればすれ違いざまにお尻を撫でられる。学校では男子たちが楽しげにスカート捲りに興じていて、混雑する電車に乗れば痴漢がいて、街を歩けば露出狂がいる。

性とは何かを知るよりもずっと前から、至るところに危険ばかりがあった。だけどBLの世界でありさえすれば、そうした危険を忘れることができたのだ。

このキャラクターたちは、どちらが「受け」で、どちらが「攻め」だろう？ カップリングの好みはどんなものか、セックスの好みはどんなものか？ こうした性的な話題の全てが、ＢＬを読む女性同士であれば自分とはまったく関わりのない事柄として語れるのである。

いくら話しても自分が脅かされない安心感は格別だった。何も知らない頃から植え付けられた恐怖を意識することなく、性に関わることができるのだから。

楽しかった。ＢＬはわたしに、性を「楽しむ」ことが可能だと教えてくれたのだ。けれども、この楽しみに疑問はつきものだった。

わたしは女性なのに、どうして原則として女性にスポットライトのあたらないファンタジーであるＢＬを求めるのだろう？　ジェンダーやセクシュアリティをめぐる問題とＢＬへの偏愛は、いったいどんな風に絡まっているのか？

考えだすと止まらなかった。

思えばＢＬ二次創作にハマった当時のわたしは、「女の子」向けの物語が、常に「男の子と女の子」をめぐるものへと変化していくことへの違和感を抱いていたのかもしれない。

たとえばわたしが幼い頃に愛読していた児童書は決まって、登場人物が成長するにつれ、異性間の恋愛が物語の重要な要素になり、私が大好きだった少女のキャラクターは少年のキャラクターと付き合うようになっていた。『赤毛のアン』では、アンがあれほど嫌っていたはずの少年となぜか恋に落ちていた。幾度となく読んだ『大草原の小さな家』シリーズも『少女ポリアンナ』も『ペギー・スー』も、あらゆる物語がそうだった。

どうして常にそうなるのか？　なぜあらゆる物事は異性愛に収斂されていくのか？　自分がいったい何にそれほど戸惑っているのかさえ理解できないまま、中学生のわたしは、少年漫画のＢＬ二次創作に夢中になった。

なぜなら、かつて少女たちが常に「素敵なレディ」になっていく一方で、少年たちは「素敵なレディ」になりはしなかったから。それに気がついた時、かつては見向きもしなかった少年漫画を、わたしは読み始めたのである。

少女漫画とは違って、少年漫画では異性間の恋愛が主軸として描かれることは稀だった。彼らは「友達」であり、「ライバル」であり、「同志」であった。そして世界を再解釈する技法としてのＢＬ二次創作において、友情やライバル関係等の親密性と恋愛／性愛の境界は踏み越えられ、恋愛／性愛は異性間のみに限定されたものではなくなり、ジェンダー役割は男性間に置き換えられることで相対化され、解体される。

恋愛／性愛が自明視されることへの違和感、異性愛のみが唯一無二の道であるようなことへの違和感、そして成長と共に習得していくとされるジェンダー規範への違和感――なぜお転婆だった少女たちが成長するにつれ「素敵なレディ」になるのか、恋愛するようになるのか、それも決まって相手は男性なのか、わたしには理解できなかった。けれども世の中に溢れる物語では、それがまるで「自然」なものとして描かれていて、BLは当時のわたしにとって、唯一その「自然」から逃げさせてくれるもののように思えていた。

要するにBLは、異性愛／恋愛／性愛の規範や、女性ジェンダー規範に対するわたしの違和感を確かに掬い取ってくれていたのだ。

BLにおける女性の不在は、女性ジェンダーの不自由を浮き彫りにもする。たとえば、BL作品には、本当に幅広く様々な職業の男性たちが描かれる。医者や弁護士、マフィアにヤクザ、教師、会社員。こうした設定のBLはありふれている。清掃業も、声優も、アイドルもいる。BLにはあらゆる職業が登場するのだ。では少女漫画では存在しない職業的多様性が、なぜ男性の物語であるBLでは可能になるのか？　女性を描く物語が「少女」ばかりなのはどうしてだろう？　そもそもBLを読む前のわたしは少女漫画を読んでいたけれど、少女漫画が主に異性愛を主軸とするのはなぜなのか？　いわゆる「女性向け」の物語において、少女たちはなぜこんなにも「男性から選ばれること」ばかりを夢見させられているのか？

問いのすべてはBLと共にあった。

だからわたしにとってＢＬについて考えることは、世界について考えることと同義だった。大袈裟に過ぎるように聞こえるかもしれないけれど、でも本当にそうだったのだ。

ＢＬによって出発したフェミニズムのレッスンは、友人と共にさらに進んでいった。ＢＬ好きであるという共通点によって仲良くなった同級生の友人が、フェミニズムという言葉をすでに発見していたのだ。

本格的なレッスンがいよいよスタートする。わたしたちは共に、フェミニストであることを公言しているＢＬ作家・よしながふみの対談集を読む。そこで、バックラッシュが吹き荒れていたその頃、一般的にイメージされていたものとはずいぶんと異なるフェミニズムを発見する。あるいはＢＬ文化の先駆者で評論家の中島梓（栗本薫）の本を読み、女性に対する社会的抑圧とＢＬ文化の関係、ＢＬによる解放について話しあう。中島が語る消費される少女の痛みに共感し、性的客体化からの避難場所としてのＢＬ、という議論に胸を打たれる。レッスンは進む。社会の中にある、そして自分の中にもある女性嫌悪、異性愛規範、ジェンダー規範に気づかされる。ＢＬを通してクリアになるものが、実にたくさんある。ＢＬには現実のゆがみを映し出しながら、同時にそれを超えていくものがあるような気がする。

第一次安倍政権による保守的な空気が蔓延していたゼロ年代後半当時、ＢＬを通してフェミニズム的に物事を考えるというレッスンは、革命的なものに思えていた。

もちろん、ＢＬは基本的にはただ「楽しい」から存在している文化であって、特定の政治目標を持ったものでもなければ、性に関する体系的な理論を提供するものでもない。要するに、言葉の狭い意味で「フェミニズム」なわけではまったくない。

ＢＬが常に先進的なわけでも、差別的ではないわけでもない。問題はたくさんある。たとえばＢＬには同性愛嫌悪も、同性愛への否定も溢れていたし、多くの読者（私も含め）は男性同性愛の性的消費に無自覚だった。今から振り返れば、当時のわたしたちの未熟なレッスンには確かに問題が多く含まれている。

だけどそれでも、そこには新しい何かがあるような気がしていた。

少なくともわたしにとってＢＬは、フェミニズムと無縁ではありえないものだった。何しろまさにＢＬを介して友人と話し合い、経験を分かち合い、痛みや違和感を言葉にすることを学んだのだから。これまでの議論を知り、言葉の狭い意味での「フェミニズム」にもたどり着き、そしてわたしの考えは形作られていったのだから。

あらゆるはじまりはＢＬだった。

わたしがフェミニズムに出会ったのは、ＢＬのオタクだったからなのである。

The Powerless Do Have Power.

金井冬樹

「フェミニズム」や「フェミニスト」という言葉を意識するようになったのは、僕の場合、海外カルチャーに精通する友人との会話の中で、ビヨンセのフェミニスト宣言や、レナ・ダナムが製作・監督・脚本・主演を務めたドラマ『GIRLS/ガールズ』、それにエマ・ワトソンの国連でのスピーチのことなどを教えてもらい、なんとなく「今、イケてる女性たちがフェミニズムをやっているようだ」という印象を持ったのがきっかけだったと思います。２０１０年代半ば、#MeToo ムーヴメントの数年前のことでした。

当時気鋭のファッションブロガーとして有名だったタヴィ・ケヴィンソンとエマ・ワトソンが対談で、ビヨンセのＭＶにおける性的な表現について議論する記事を読み、「ビヨンセのＭＶのようなポップカルチャーの中の表現も、フェミニズム的な視点で語れるのか」と、新鮮に感じたのを覚えています。

その頃、僕はちょうどzine（ジン、個人や少人数による自主制作の出版物）に出会い、手当たり次第にzineを読んでいた時期でした。なかでもパーソナル・ジンと呼ばれる、作り手自身の経験や日記、好きな音楽や映画などについて書かれたzineに強く惹かれて、大文字の歴史では語られない暮らしや個人史が読めるのを楽しんでいたのですが、その中で「ライオット・ガール」という言葉に出会いました。

ライオット・ガールとは、80年代末〜90年代のアメリカ（をはじめとする主に英語圏）で、男性優位のパンク・シーンに異議を唱え、女性たちが主体となって新しくシーンを作ろうとしたパンク・コミュニティ内の運動です。ライオット・ガール・ムーヴメントも知れば知るほどフェミニズム的なのですが、その中でzineが活用されていたことを知り、一層興味を引かれました。

紙とペンとコピー機があれば作れる気軽さ、ティーンの女の子たち（だけじゃないでしょうけど）が授業中に交換する小さな手紙のような親密さ、そうしたzineの持つ「女子供のものと揶揄されがちな」特徴が、商業的だったり男性中心だったりするメインストリームのパンク・シーンと距離を置きつつ、連帯感を高めたり議論を深めたりするのに役立ったようです。可愛いシールや手書きの文字やイラストを多用したポップな体裁なのに、内容はシリアスだったり政治的なメッセージだったりする、そんなライオット・ガールのzineやそれに影響を受けたzineに頭を殴られるような衝撃を受け、「こういうの、自分もやってみたいな！」と思った体験が今の自分に繫がっているような気がします。

ライオット・ガールやzineについて詳しく書かれた書籍『ガール・ジン「フェミニズムする」少女たちの参加型メディア』（アリスン・ピープマイヤー著、野中モモ訳、太田出版）を読んだ際、zineが誕生するはるか昔、婦人参政権運動の時代からzineのような小さな紙のメディアが活用されていたことを知り、そのあたりからフェミニズムがグッと身近に感じられるようになりました。

ここまで読んで、僕のフェミニズムとの出会いがずいぶんお気楽だなと感じた読者もいるかもしれません。自分でもそう思います。しかし、パーソナル・ジンやライオット・ガール・ムーヴメントに惹かれるメンタリティを持つようになった背景をお話しすれば、もう少しシリアスに受け取っていただけるのではないかと思います。

思い返すと、僕は物心ついたときから、いわゆる「家族規範」に沿わない家庭で育った人と仲良くなる傾向にありました。子供の頃仲の良かった友達の家庭はある新興宗教の熱心な信徒でしたし、初恋の相手も、人生で一番長く交際したパートナーも、シングルマザー家庭に育った人でした。思春期にインターネット上で交流した同世代は親や兄弟との関係がうまくいっていなかったり、上京後に大学で出会って仲良くなった友達は、たいていそれぞれに複雑な家庭の事情を抱えていました。これはなぜなのだろう？　と考えると、一言で言えば、彼らが「普通の社会」から仲間はずれにされる痛みを知っている人たちだから、ということになるかもしれません。

親が周りとは違う信仰を持ってるせいで、あるいはそれを強要してくるせいで、親が２人いないせいで、家族に障害や病気があるせいで……、そうした様々な理由で「あ、自分は他の人が経験しなくてもいいことを経験するんだ」「それでも生きていかなければいけないんだ」と気づいてしまった子供の戸惑いは、程度の差こそあれ、その後の人生に影響を与えると思います。

今、自分の子供時代を振り返ると、病気と障害を持った兄弟のいる家の中で、自分だけは親に迷惑をかけまいと気を遣って妙に大人びた子供になってしまった上に、セクシュアリティを自覚しないまでも自分は周りと何か違うと感じ、さらに周りにもそれを気づかれてしまっていた僕は、相当なストレスを抱えていたと思います。そんな中、「おばあちゃんが朝５時からお経唱えててうるさいんだよね！　線香臭いし！　俺も将来アレやらなきゃいけないんだよ！」と、笑っていいのかわからないジョークで笑わせてくれる友達は、心の支えでした。

体育の時間、男の子たちが盛り上がる球技に全くついていけない僕と、ついていくことはできるけどなんだか冷めた目で見ていた彼は、おそらくそれぞれ違う意味で「こいつらと同じ場所では生きられないんだな」と子供心に感じていたのではないかと思います。社会が自分の味方をしてくれると感じている元気な男の子たち、そもそもそんなことを考えずに済む人たちとは、いずれ別の生き方をするのだろう、と。

このとき感じたこの感覚が、良くも悪くも僕の人生の核に近いところにあると、今になって感じます。作品を作るときにも、かつての自分や、自分が出会ってきた、急いで大人になった人たちのための何かが作りたいという想いが念頭にあります。

僕の大好きなパーソナル・ジンの魅力のひとつは、多数の読者に読まれることを想定していないため言いたいことが言える、つまりセーファースペースを確保したうえで話ができることです。必然的に「話す相手を選ぶ話題だけれど、話さずにはいられないこと」が書かれる傾向が強く、それは、いつかの友達の笑っていいのかわからないジョーク――傷ついてもやり過ごさなければいけないときの、乾いた、怒りと悔しさと諦めがないまぜになったあのユーモアを思い起こさせ、勇気を与えてくれます。

そして、そんなzineが飛び交ったというライオット・ガール・ムーヴメントは、想像するだけで泣きながら腕を広げて飛び込んでいきたくなる、そんな魅力を感じさせます。小さなzineの書き手たちが、「世の中が自分を受け入れないなら、こちらから世の中を変えてやろう」と、脱獄犯がスプーンでトンネルを掘るように、社会に小さな穴を開けようとした。さらに脱獄犯同士で手を取り合おうとした。そのことを想像すると、そのフェミニストたちは自分の仲間だと心から感じるのです。大げさな言い方をすれば、世界の転覆を狙う同志のように。

インターセクショナリティという概念で「普通」の定義を何度も何度も問い直してきたフェミニズムは、僕にとって大きな希望です。「普通」の定義が更新されれば、僕が子供の頃に感じた「普通の社会」から仲間はずれにされる感覚を、未来の子供たちは持たずに済むかもしれないからです。そのことを胸に、これからも自分なりにフェミニズムを実践していけたらと思います。

ここから先は蛇足かもしれませんが、男性の書き手としてこの企画に呼んでいただけたことを受けて、最近考えていることを書きます。

男性にとってフェミニズムとの距離感は難しい面もあると思いますが、単に女性に対して反省を示したり感謝したり、女性を守ろうとすることではなく「男性も女性も、いずれかに当てはまらない人も、ジェンダーによる差別を受けない社会を目指すこと」や「階級や障害によるあらゆる差別のない社会を目指すこと」、つまり自分の今いる場所から差別をなくそうと努めることが、フェミニズムへの参加につながるのだと思います。

そして、こういう言い方をすると、単に差別解消運動とかヒューマニズムと呼べばいいと思われるかもしれませんが、女性の被る性差別から運動が始まったことや、構造的なジェンダー不平等はいまだ根強くあることを忘れないために、フェミニズムという呼称が使われているのではないでしょうか、ということを申し添えておきます。

シルバニアで遊べない子

長田杏奈

三つ子の魂に遡って、幼い頃好きだった遊びを思い返してみると、ごっこ遊びをするなら魔法少女より断然戦隊もの派。わかりやすいリーダー格の「レッド」や紅一点的役割の「ピンク」より、クールな二番手の「ブルー」に憧れた。昭和だったのでまだスカートめくりが跋扈していたが、得意のキックで成敗した。といっても、私にスカートめくりをしてくるような子はいなかったので、追い払ったのは友達の分だ。木やジャングルジムなどの高いところが好きで、鍵を忘れた放課後はエアコンの室外機を足場に鍵のかかってない天窓までよじ登って帰宅していた。ブロック塀の上を歩くのも得意だったけれど、うっかり足を滑らせて股間を打ってしまい血がついた下着を見た母に初潮と間違われた事件もあった。

野猿のような子どもだったが、着せ替えごっこは好きだった。同じお人形でも装いが違えばキャラクターやライフスタイルまで違って見える。オーロラ色のチュールドレス、ブラックのレオタード、ギンガムチェックのヘソ出しシャツにデニム……。リアルでは味わえないおめかしの振り幅を、自在に行き来しながらロールプレイするのが楽しかった。ある日を境に、人形遊び仲間が一斉に「シルバニアファミリー」に鞍替えした。ファッションに重きを置く着せ替え人形とは異なり、シルバニアで大事なのは家と家族。戸建てにミニチュアの家具や小物を集めて配置するドールハウス的要素と、家事・育児・ご近所付き合いといった家族ごっこが遊びの核になる。これが私にとっては全く面白くなくて、一瞬で飽きて「あーつまんない！」と不貞腐れた記憶がある。くまやうさぎのお人形はファミリー単位で販売されていて、父母に男女１人ずつの子どもがいる設定。初期のお母さんはエプロン姿が標準装備で、着道楽とは程遠かった。

私のフェミの萌芽は、スカートめくりにムカついて用心棒を買って出たり、「ジェニーちゃん」や「エリーちゃん」の世界からエプロンの「お母さん」（実はうさぎのお母さんには「テリー」という公式名称がある）への移行にどうにも馴染めなかったあの頃にきっとある。おめかしで自己表現するのは好きだけど別に「ケン」（バービーのＢＦ）のためじゃない。「家」や「家族」の名の下に個が消える空気やジェンダーロール（おばあさんは洗濯、おじいさんは芝刈りのような性別役割分業）にモヤる。

この感覚は、子どもの頃から今までずっと地続きだ。

母はシングルマザーで、美容部員として働きながら私を育ててくれた。家にはシーズン毎の新色のサンプルを重箱のようにまとめたパレットがあり、留守番の間に鏡台の前でおままごと感覚であれこれ試すのが楽しみだった。当時はイエベやブルベ（美容好きの間でお馴染みの、似合う色を判定するカラー診断）などの概念はなく、いつもとりあえず全色塗ってみるところから始めた。目の形は同じでも、グリーンのアイシャドウを塗るとどこか知的に、ブルーだとクールに、パープルは妖艶に、ピンクだと可愛らしく見えるのがひたすら不思議で、そこには目を大きく見せたいという願望はもちろん、「きれいになりたい」という気すらなかった。海外のお土産で100色近いクレヨンセットをもらい、とりあえず画用紙に全色書いてみよう！　となった、あの衝動に近いのではないか。美醜の刷り込みやこだわりの前にカラーバリエーションへの好奇心があり、画用紙の代わりに自分の顔があった。おめかしの振り幅を楽しむという意味では着せ替え人形に近いけれど、メイクは直に塗って自分と一体化させることで生じる変化がより面白く感じた。家で1人で塗って遊ぶだけで満足だったので、高校生になっても週末だけ色付きのリップを塗るぐらいで、本格的にメイクをして外に出るようになったのは大学に入ってからの話だ。

なお、スキンケアの重要性を感じ始めたのは、小学校3、4年生の頃。アトピー性皮膚炎になり、小さい頃から通っていたスイミングをやめた。お医者さんの薬でひどい症状は治っても、肌がカサカサしたり、皮膚が部分的に脱色してしまう「はたけ」になったりで、微妙な不調や不快をどうにかしたかった。母に買い与えられて、ティーン向けの保湿美容液を使うようになるとコンディションが安定したし、何より自分の肌に触れている時間はホッと安らいだり時にはシャッキリしたりと気分が良かった。

私にとっての美容は見たり触れたりの感覚的なものだけでなく、毎度言葉と結びついていた。子どもの頃から、絵本にとどまらずお菓子の箱に書いてあるコピーや説明まで、印刷されている文字をいちいち読んでしまう癖があったので、母が持ち帰るたくさんの雑誌や社内向けのテキストを、とにかく一言一句漏らさず読んでいた。メイクが時代でどう変遷してきたかの年表、パーツのバランスを変えることで印象がどう変わるか（例えば眉を長くするとエレガント、短くするとフレッシュ）などの基本的な知識、限られた文字数の中でプロダクトの魅力やメイクのHOW TOを伝える言葉がじわじわと蓄積され染み込んだ。他の国の言葉や惑星の配列なんかも最初に触れたのはコスメを通してだったはずだ。母から何か具体的なことを教わった記憶はないが、自然と美容のことが一通りわかる門前小僧に仕上がった。

美容は好きだがあくまでも生活のオプションであって、人生設計の主軸にはかすりもしない予定だった。けれど結局、働き始めた私を助けてくれたのは、日に12時間勉強していた法律とか先輩に怒られながら暗記した営業トークではなく、努力のどの字もなく身につけた美容とそれにまつわる言葉だったのだ。暗黒期とも言える会社員時代を経て、週刊誌で5年。いろいろな題材の記事を書いたなか、いちばん勘所がわかってスラスラ取り組めたのは、子どもの頃から親しんできた美容。20代後半でフリーランスに転身したのをきっかけに美容ライターを名乗り始め、以来約20年ずっと続けている。ただしアクセントは「美容」ではなく「ライター」にある。私自身が美容のすごい人なのではなく、美容の達人に取材した内容を書くのが仕事。相手の話や魅力のエッセンスをお節や幕の内弁当のように隅々まできっちりきれいに詰め、シンプルで簡素なのに全てであるような小宇宙を構築し、フルーツそのままをいただくよりフルーツの本質が引き立つ巴里《パリ》小川軒のケーキ職人（食べればわかる）みたいなライターになりたい！

要は自らの気配を消して相手のエッセンスを伝える黒子に徹することにこだわりがあったのだが、職歴を積むに連れて世の中でニーズがあるとされている王道の美容にまつわるメッセージと、私が好きな美容にはズレがあることに気づいた。例えば、高くて狭い美意識をベースに毒舌でダメ出しをしてイマイチに撮ったBeforeと盛れてるAfterを並べる、「愛され」「モテ」というキーワードをつければアクセスを稼げる、「マイナス○歳」「美魔女」か「オバ見え」の極端に振れる「アンチエイジング」。「浮かない」「イタくない」、「母として妻として女として○○（職業）として」の役割網羅型コピーとセットの「ごきげん」ブーム。プレステージブランドのイメージモデルはなぜか白人女性、カバーガールはパッチリとした目の二重ばかり……。どれもメディアやメーカーが悪代官顔で仕組んだのではなく、読者やユーザーのニーズや熱気と呼応し、良かれと先読みしマーケティングすることで生み出されたものではある。でも、私の好きな美容って、これだった!? そういうんじゃない美容の話があってもいいんじゃないかな？ 問題意識やフラストレーションをじわじわ溜めた結果、いよいよ黒染めの頭巾を脱いで自分の言葉で自己表現やセルフケアとしての美容についてまとめたエッセイが『美容は自尊心の筋トレ』だ。帯には「モテようとも若返ろうとも、綺麗になろうとも書いていない」、「〝反骨の美容ライター〟が『みんな違ってみんな美しい』時代におくるメッセージ」とある。自虐をやめて自分を大切にすること、美の多様性やボディポジティブ、ルッキズムやエイジズムへの抵抗。刊行した2019年の時点では勇気が必要な〝反骨〟だったけれど、2023年には「当たり前のことしか書いてない」という感想を見かけた。たぶん褒められてはなかったけど、自分の書いた内容が当たり前になるくらい時代は変わったんだなと感慨深かった。

美容をめぐる言葉は、変わった。少なくとも建前上は。私は建前が変わることは大事だと考える派だ。例えば差別を止めるには、個人を説得して改心させるよりも、差別禁止法を作って「これは差別に当たる」「差別はいけない」という建前を先に構築した方が、早く広く守れるものが多い気がするから。「差別は禁止」という建前さえあれば、内心ではどんなに差別していても、面と向かってあからさまな差別はしなくなる。

「見た目の話」について脳科学の先生が「こういう話をするとルッキズムって言われちゃうかもしれないけど、だって本当のことだもん」と呟いていたことがある。確かに、科学的に人間は視覚情報に左右されやすく、見た目で判断するルッキズムの奴隷なのかもしれない。しかし「他人の見た目について、あれこれジャッジして本人に伝えるのはよろしくない」という建前が浸透すれば、容姿を貶《おとし》められてその後何十年も傷つき屈託を抱える人が減り、みんなが見た目への不安に囚われずもっと伸び伸びできる日が来るのではないか。また、美容と資本主義の結びつきは絶望ワードのイメージが強いが、現代は大きい企業になるほどＥＳＧ（環境・社会・企業統治への責任を考慮した企業活動）やＳＤＧｓへの取り組みが注視され企業価値に直結するようになり、予算とパワーとイノベーションを活かして、競うように社会を良い方向に変える取り組みに励む一面がある。例えば日本には、「色の白いは七難隠す」という言葉があるように、平安から続く白粉文化の影響で美白信仰が強い。「美白」=「白人信仰」とされがちだが、白人至上主義の伝来よりもずっと古いのだ。雑誌では毎年5月号にもなると美白特集を組んだりするのだが、「美白」への思いはそれぞれでも、ナショナルクライアントが「美白という言葉を使わないでください」と表明すれば、自然と「美白」を使わない方向に舵を切る。文化軽視や検閲のように感じる人もいるかもしれないが、何も歌舞伎や舞妓さんの白粉をやめようという話ではなく、小手先に思えても白肌こそは美しいという固着を緩める試行錯誤によって、多様な肌トーンを肯定する土壌を育む建前が築かれるのは素敵なことなんじゃないか。

建前の話をしたのは、社会課題としてのルッキズムはより巧妙で深刻になっているんじゃないかと危惧する面もあるからだ。思いつく具体例をつらつら挙げてみよう。まず、人を全体で受け止めずに顔を見る傾向がさらに進んで、意識がパーツにズームしすぎている気がする。「鼻翼」ってどこだかわかりますか?「中顔面」、「人中」は? どれもメイクや美容医療で縮めるのが流行っているパーツ。あまりにも細部ばかりにフォーカスしてしまうなら、いっそミュートワードにした方が精神衛生に良さそう。美容医療市場の急成長とアルゴリズムによるサジェスト機能が組み合わさり、細分化されたパーツについて検索するとそれに関する情報や広告ばかり表示されるようになり、無意識のうちに歪んだ美意識の泡に取り込まれるリスクがある。ボディポジティブで検索すると「気持ち悪い」「開き直り」とサジェストされるが、日本は先進国ではいちばん痩せた女性の割合が多く、健康に深刻な影響を与える恐れがある。女性に多い摂食障害が低年齢化しているのに、対応できる医療機関が少ない。重篤な糖尿病患者のための薬がダイエット薬として出回り、思わぬ副作用に苦しむ人がいるうえに、糖尿病患者への供給が不足し、社会問題になったのも記憶に新しい。K－POPアイドルの体型に憧れてダイエットに励む若年層は多いが、韓国国会では練習生の人権保障が議題になり、元アイドルが「28歳なのに骨密度が80歳」と証言したり、「無月経が多い」という調査結果が発表されたばかりだ。「ハイリスク、ハイリターンなドバイでのパパ活」のルポで、ドバイ入りする理由でいちばん多いのがホストの売掛金のため、次が美容整形資金のためだと読んだ。個人の決断についてはジャッジできないとしても、その背景にある社会の圧をスルーしてはいけないのではないか。山手線が美容外科の〝「美しくなる」は、人間の権利だ。〟という車内広告でジャックされていた。その「権利」とやらを行使するために払われた大金を元手にしたメッセージが、通勤通学途中の私たちを取り囲む。ちなみに、個人的にいちばん気になっているのはエイジズムで、今や理解者からすっかり当事者になったので言いたいことはいっぱいあるが、今回は割愛させてください。

美容はもちろん、最近だとフェムケア・フェムテックは、ジェンダー視点が必要なはずの分野なのに、わざとかと疑うほどその視点が抜け落ちていることがあり、業界の中や語る人にもっとフェミニストが必要だと切実に感じる。実際、女性向けのメディアでまさかの今どき「フェミニズムは炎上リスク」と語る意思決定権者がいたり、フェミニストに取材するときに「〝フェミニズム〟という単語を使わないことはできるか」と打診されることもあったりなかったり。一方で、美容ライターがフェミニストを自認するなんてルッキズムと資本主義の犬（犬は最高！）のくせにって批判を受けたり受けなかったり。疲れている時はちょっと気にしてこだわっちゃうこともあるけど、今後とも鼻歌交じりにけしからん上等でやっていきたい。

受け取って、渡していく

小田原のどか

「あなたのフェミニズムはどこから？」との問いかけをもらい、書きたい、書けそうだと思うことはいくつもあった。3月に亡くなった父のこと。父の死体から漂ったにおい。父がいなくなってようやく、大きな物音におびえなくてよくなったこと（離れて暮らして20年も経つのに！）。『新機動戦記ガンダムW』リリーナ・ピースクラフト、『もののけ姫』エボシ御前、私の初恋の女性たち。男性目線で造形された彼女たちが体現する「近代」と「平和」、その輝かしさと尽きない悲しみ。彫刻を学ぶ現場での経験。

法律上の夫である人物との不思議でおかしな日々。生まれた街・仙台の、無数の裸体彫刻。結婚よりも生涯続けられる仕事を持つことの尊さを説き、銀行員から教員に転じた経験のある祖母が、中学校に入学したわたしに贈ってくれた、ネーム印付きの美しいボールペン。わたしのはんこは名字がなく、「のどか」と名前だけ。いとこは男の子だから、フルネーム。

どれもかけがえのない、わたしをわたしたらしめる断片だ。順序よく並べれば、それなりに見栄えのよい物語になるのかもしれない。しかしわたしは生来の天の邪鬼であるので、まったく別の方法で書いてみることにする。

すべての人間は、生れながらにして自由であり、かつ、尊厳と権利とについて平等である。

世界人権宣言第一条だ。第一条はこのあとに、「人間は、理性と良心とを授けられており、互いに同胞の精神をもって行動しなければならない」と続く。「同胞の精神」の原文は「spirit of brotherhood」である。brotherhood からこぼれ落ちる者のなかに、わたしもいる。

「人および市民の権利宣言」(Déclaration des Droits de l'Homme et du Citoyen) が男性のみを権利の主体とすることを受けて、オランプ・ド・グージュは「女性および女性市民の権利宣言」(Déclaration des droits de la femme et de la citoyenne) を書き、メアリ・ウルストンクラフトは『女性の権利の擁護』(*A Vindication of the Rights of*

Woman）を書いた。

「吾々がエタである事を誇り得る時が来たのだ」と読み上げられた、日本初の人権宣言と言われる１９２２年の水平社宣言もまた、「兄弟よ」という男性に限定した呼びかけから始められた。西光万吉《さいこうまんきち》らによるこの水平社宣言の翌年、阪本数枝が婦人水平社設立を提案し、可決される。２０２４年3月には部落解放同盟から、水平社宣言が「ジェンダー意識に問題」との見解が初めて示された――。

かような連なりの歴史に、いまこの瞬間も励まされ続けている。わたしはひとりではなかった、まだこの世界で生きていける。そう感じる。たくさんの彫像が打ち壊され、新たにつくられ、題を変えられ、忘れ去られ、またつくられてきた。それは人間の欲望の発露であるとともに、可変性のあらわれでもある。人の手でつくられたものに、絶え間ない検証と訂正が加えられる。連綿と続くその営みに、わたしも加わりたい。

美術大学で近代彫刻史を教える際、ロダンからも荻原守衛からも始めない。この国の労働法の話から始める。労働基準法第6章に基づき、年少者労働基準規則（年少則）、女性労働基準規則（女性則）は、人力による重量物の取り扱いを規定している。厚生労働省「職場における腰痛予防対策指針」では、満18歳以上の男子労働者が取り扱う物の重量について、「体重のおおむね40％以下となるよう」に努めるよう明記される。女性においては、妊娠中および産後1年の重量物運搬は禁止され、満18歳以上の女子労働者については、「男性が取り扱うことのできる重量の60％位まで」に留めることが義務付けられる。

制限を超える重量物を取り扱う場合には、必ず2人以上で行うことが「職場における腰痛予防対策指針及び解説」で定められ、「適切な姿勢にて身長差の少ない労働者2人以上にて行わせる」ようにと明記されている。なお、ここには、医療や介護現場などで人を抱える作業は含まれていない。

法律の条文を目で追うと、女性／男性の二元論に終始することにうんざりする。しかしそもそも、なぜ、人力で運搬できる重さを定めるのか。労働に関する細かな法律があるのはなぜか。それはすべての人間が生まれながらに自由で、奴隷ではないからだ。労働者には使用者から逃れる自由が保障されている。奴隷労働や強制労働を繰り返さないために、法がある。

男性のみが権利の主体であったとき、女性は家畜や奴隷のような交換対象だった。明治民法下の「家」制度においては、女性は「無能力者」と定められ、自己決定権を奪われていた。

すべての人間は、生れながらにして自由であり、かつ、尊厳と権利とについて平等である。

この宣言を読むたび、胸に去来するものがある。「生れながらにして」という条件が不可視化する、生まれてこなかった者たちのことも、考える。それは、2020年版「世界人口白書」が明らかにした、娘よりも息子を極端に好む「男児選好」による妊娠・出産時の偏った性選択により不要とされた大量の生命のことであり、数年前から通っている水俣で向き合わざるを得ない、水俣病の水銀で流産・死産となり公的には名前も記録も残されていない者たちのことだ。

そうして「すべての人間」から除外されてきた者たちの後ろ姿を、わたしはここから眺めている。

これほど当たり前のことを、と一笑に付す時代が、いつか来る。壊れ物であるかのようにこの宣言を大切に抱きかかえ、壁に貼りだしていた歴史を、ずっと遠くから見ている誰かがいる。この先に、わたしの後ろ姿を眺める者がいる。わたしはその者たちと言葉を交わすことはできない。オランプ・ド・グージュやメアリ・ウルストンクラフトとわたしがそうであるように。でも確かに出会えている、伝えられているとも思うのだ。

ベル・フックスはわたしに、フェミニズムとは性差別を前提とする社会を変える運動だと伝えた。加納実紀代と高雄きくえはわたしに、フェミニズムとは被害だけでなく加害を二重性として引き受けることだと伝えた。様々なフェミニズムがある。帝国主義のための、植民地主義のための、資本主義のための、フェミニズムがある。だからこそフェミニズムは、他者を選別し、競わせるための指標ではない。徒競走の審判員でも、一等賞の景品でもない。いかに実践するか。それだけが重要だ。

加えて、わたしが大切だと思うのは、想像すること。想像することは、変化を希求することだ。ここにはない、かつてあった、これから来る——。

わたしは想像する。「すべての人間」から区別され、差別され、搾取されてきた者、すなわち動物たちが、権利の主体の一部となる日を。そのとき、殺された動物を食するわたしが書いてきたものは、倫理的に問題があるとされるだろう。その日を楽しみに夢見ている。

わたしのフェミニズムはどこからやってきた？　どこからだろう、ずいぶん遠くからやってきた。「すべての人間」に「女性」が含まれなかった時代から、「女性」の多様さが自明となり、「女性たち」と複数形になりつつある時代に。そして、「女性／男性」の境界線とこの概念自体が解消される地点へ。受け取って、渡していく。そして、問いは「あなた」に返ってくる。

小田原のどか

「あなたのフェミニズムはどこから？」

※本稿で用いた「エタ（穢多）」という用語は、差別的な意味で使用されてきた背景を持つが、歴史的用語としてそのまま使用する。

わたし、そしてわたしたち

松橋裕一郎（少年アヤ）

わたしはずっと、セーラームーンと生きてきた。わたしがセーラームーンだと言ってもいいくらいに。

なんで好きになったのかはわからない。だが、なんでも貸してくれる幼なじみのお姉さんが、セーラームーンのオルゴールだけは、ぜったいに触らせてくれなかったのを覚えている。彼女が、両手でそっとつつみこむようにして持っていた、金色のチェーンつきのちいさな星形のオルゴールのかがやき、その、だいじっていう感じが、三歳だったわたしの、あこがれの源泉になった。わたしも、あんなにきれいでだいじなものがほしい。

幼稚園にあがると、わたしはセーラームーンに夢中になっていた。くつしたも、下着も、枕も、パジャマも、毛布も、プレゼントも、おかしも、ぜんぶがセーラームーンだった。アルバムに保管された先生からの手紙にも、「セーラームーンが大好きなんですね」とある。ほかのことにはまったく興味を示さない子どもだったのだ。

手紙は「いまのゆうちゃんにはセーラームーンが一番のようなので、あまり無理強いはせず、だんだんとほかの遊びにも興味を持ち、楽しさが感じられるようになればと思っています」とつづいているが、結局ほかの遊びなんてした覚えがない。女の子たちとするセーラームーンごっこで、セーラームーン役を射止めることだけが、わたしのすべてだった。

女の子たちは、いつもわたしを自然に受け入れてくれていた。受け入れてあげる、なんてつもりもなかったと思う。ただふつうに、いっしょにいてくれた。

一方、男の子たちの世界では、わたしはつねにのけものだった。「おかま」という言葉をつかっていじめられたり、ぶったり、けったり、牛乳をぶっかけられたりした。なかよくしてくれる子なんて、ひとりもいなかった。

彼らにとってわたしは、のけものにしないではいられない存在だったのだと思う。こっちと、あっち。おれたちと、おまえ。線引きがあいまいでは困るのだ。

この話をすると、たかが幼稚園児が、そんな二元的な世界観で生きているだろうか、あなたの記憶違いではないか、と言われるが、おそらく「おかま」とみなされるわたしの存在が、彼らのなかでがん細胞のように作用し、分断を作り出していたのだろう。

もちろん、恨みなど抱いてはいない。

みんなかわいそうだったと思う。

「おかま」という言葉と、それによって形成、強化される群体は、かわるがわるわたしの人生に立ち現れた。こりもせず。

おかげで、わたしは三十歳になって自らをノンバイナリーだと自認できるようになるまで、自分は男のにせものなのだ、という意識に苛まれつづけるはめになるのだが、あくまで幼稚園児だった当時のわたしは、なにを言われたってくやしくも、かなしくもなかった。彼らとかいじゅうごっこや、ウルトラマンごっこなんて、したくもなかったし、セーラームーンがわからないままましんでいくであろう彼らの一生を、哀れに思ってさえいた。

つよい子どもだったからじゃない。

女の子たちが、おなじセーラーチームでいてくれたからだ。みんなといれば、だれになにを言われたって、へいき。だってわたしは、彼女たちとおなじセーラーチームで、セーラームーンなのだから。

デパートで買ってもらったセーラームーンのお化粧セットのパッケージの裏には、「女の子5人の力をあわせれば、こわいものなんてな〜んにもなし」と書いてあった。母にせがんで読み上げてもらったとき、わたしは、ほんとにそうだ、って思った。みんなと手をつないで、力を合わせたら、男の子たちにだって、立ち向かえる。どんなところへだって、飛んでいける。みんなだってきっと、そう思ってくれているはずだ。

親戚や近所の大人から、おまえは女の子じゃないでしょう、女の子になりたいの、と言われることもあったけれど、そういう問題じゃない。彼女たちとセーラーチームを組んでいるとき、わたしはまちがいなくみんなといっしょだったし、わたしたち、という言葉のなかに存在していたのだ。

よって、当時よく聴いていた、「セーラーチームのテーマ」という曲の歌詞にも、ほとんど違和感を感じずに（少なくとも男の子、という言葉よりは）自分を重ねることができた。ちなみに作詞をしたのは、原作者の武内直子先生である。

「みんな　変身よ　メイク・アップ
女の子だもん　メイク・アップ
やってやる
みんなさけんでる　メイク・アップ
女の子だもん　メイク・アップ
いちばんよ　セーラームーン」

いまにして思えば、「男でもあり、女でもある」天王はるかと、パートナーである海王みちるが、セーラーチームの一員として活躍していたこともおおきかった。彼女たちの存在がなかったら、やがてわたしは、「わたしたち」という無敵の言葉から、追い出されていたかもしれない。ひとりぼっちになっていたかもしれない。たとえかたちのうえでは、女の子たちといっしょにいたとしてもだ。

それからも、つねに女の子たち全員がわたしの味方でいてくれたかと言われたら、けっしてそうではなかった。小学校にあがり、セーラームーンの放送がおわったあとの世界は、わたしにとって耐えがたいものだった。とてもじゃないけど、わたしたち、なんて思えないときもあった。わたし、さえ消え去りそうだったのだから。

ただ、地獄のような日々で、だれがそばにいてくれたかを考えると、浮かんでくるのは、きまって女の子たちの顔なのだった。いつも彼女たちが、ほんの少数であっても、わたしをここにいさせてくれた。いっしょになって怒ってくれた。だからわたしも、彼女たちのためにいっしょになって怒ったり、泣いたりできた。

もっともいじめがひどかった中学時代に放送されていた実写版セーラームーンの主題歌は、やはり武内直子先生の作詞で、サビに「わたしになれ」とあった。それを聞いたとき、わたしはようやく、なんで自分が、セーラームーンを好きでいるのかがわかった。手放さないでいるのかわかった。

セーラー戦士たちは、メイク・アップによって、べつのだれかになっているわけじゃない。

「わたし」になっていたのだ。

わたしもそうかもしれない。セーラームーンになりたいって思うとき、もっとすてきで、つよい、ありのままの自分を思い描いている。

わたしは、わたしでありたいのだ。

わたしがあって、はじめて、わたしたち、になれるのだ。

フェミニズムと出会うのはもっとずっと先のことだったが、知れば知るほど、わたしはセーラームーンが感じさせてくれた、「わたし」という感覚と、幼稚園の園庭や、中学の通学路で女の子たちが感じさせてくれた、「わたしたち」という感覚に立ちかえる。

もちろん、いつだってひとつになれるわけじゃない。いっしょにいてわずらわしいことも、なんでそうなんだよって思うときもあるんだけど、でも、「わたしたち」という言葉が機能するかぎり、わたしも無敵の、ありのままのわたしとして、彼女たちといられる。ほんとに憎まなくてはいけない相手の居場所を、忘れずにいられる。

「あたし達　戦う目的は同じはずよ
惑わされてはダメ　心をひとつにしなきゃ
心をひとつにして戦うのが　あたし達セーラー戦士よ」
「わたし」そして「わたしたち」。
それがわたしにとってのフェミニズムであり、セーラームーンである。

神はいないが

能町みね子

先日、店長夫妻と懇意にしている飲食店の、周年記念パーティーに呼ばれた。この手のものは少々苦手だけど、恩があるので一人で出かけた。

特定を避けるために少々内容をぼかすが、素朴なお店だけど、意外と要人と呼ばれるような人が来るお店でもあるのだった。私が着席した向かいには、ある地方政治家のAさんが来た。高齢の男性。少し構えたけれども、彼は私のことをご存じだったそうえ、物腰柔らかくて考え方も柔軟で、文化的なものにも興味があり、お店のことで共通の話題もあり、さまざまなトピックが生まれて会話は楽しかった。

しばらくすると、斜向かいの席に、笑顔の爽やかなハキハキした男性が来た。Bさんとする。Bさんは以前から政治家であるAさんと話してみたかったのだそうで、店主さんがその席に案内していた。

Bさんは私にはほぼ視線も向けずにいきなりAさんと名刺交換をした。その名刺を見たAさんの顔が少々曇ったように見えた。少なくとも一瞬困惑の色が浮かんだ。大きな声で滑舌よく話すBさんは、国際的な人権の活動をしているとかなんとか言っていて、私はなんだか立派な人なのかしら、とボサッと考えていた。しかし彼がAさんに積極的に話しかけるなかで「子供の連れ去りというのがあって」などと言うのが耳に入った。おや？

Bさんの勢いは増し、Aさんへの話は止まらない。政治家であるAさんに対し、こんな大変なことが起こっているので協力してほしいという、おそらく純粋な陳情のような思いで彼はまくし立てている。「連れ去りは僕も当事者なので」「反日活動をしている人から日本を守らなきゃいけないと思っていて」「LGBTとかの国を弱める勢力があるじゃないですか」「トランプさんが、性別は男と女しかないって言ったじゃないですか。僕それはよく言ってくれたと、その通りだと思っていて」

うひゃあこれは大変だ、やばいやばい、ネットではよく見るけどナマで至近距離でこの手の人は初めて見たかもしれない。私はむしろ半ばテンションが上がってしまうが、決して絡まれたくはないので、歯牙にもかけられていないのをいいことにスマホを見るふりをする。Aさんはこれがどういう状況だか分かっていると思われるが極めて冷静で、事を荒立てず「なんだかよく分からない話だなぁ（笑）」「ちょっと陰謀論みたいな話だよねぇ」と聞き流していた。Bさんが「性別は男と女しかない」と言い出したときには、笑顔で柔らかい口調ながら反論まで試みていた。しかし、Bさんは元気いっぱいで唾を飛ばさんばかりに「そうおっしゃられるのは分かります！」「よくそう言われるんですけど、でも」とまるで意に介さない。

さすがに私はハラハラしてきて、こっそり店主さんのところに行き、しかし店主さんもそのへんの事情を理解していないと思われるので「あの二人、話が合わなすぎるみたい、もしかしたらケンカになっちゃうかも」と助けを求め、一度割り込んでもらってとりあえず事なきを得た。いや、得たのか？　得たのかは分からない。少なくともBさんの勢いは止まった。この場にふさわしくない話題だということだけは自覚したようだった。

こういったときの私なりのメンタル的な対処法は「やばいの来たw」「珍獣登場w」的に積極的に考えるようにして状況を面白がるという、それくらいしかない。その瞬間には少しアドレナリンが出ているのか、そう思っているぶんには楽しいかのような気分にすらなるんだけど、結局それでも、食らう、重い鉄球を胸に腹にどしんどしん食らっている。真正面から対峙なんかした日には精神が流血沙汰である。それは回避したいから、こんな対処法しかない。

それにしても、Aさんはすごかった。私はBさんに直接話しかけられたわけじゃないが、Aさんがあのスタンスを崩さないでいてくれたことで非常に分厚いクッション材になり、結果として私のダメージを防いでくれていた。

帰宅してからもどっしり嫌な余韻が数時間残った。結局、後から毒が回るというか。精気を奪われ、昼のできごとだったけど晩まで肉体的な疲れが残った。

Bさんは自分が差別をしているなどとは露ほども思っていない。罪悪感など全くない。それどころか、「自分の考えは話せば分かってもらえる!」という絶大な自信をもって、おそらくかなりリベラルな考え方をしているであろう政治家の方をも目を輝かせながら説き伏せようとしていた。

ソファに沈みつづけながら、Bさんの顔や口調を反芻した。

私なんか、口頭で自分の考えを発信するとなると思い切り腰が引けて、どっか間違ってんじゃないかとか、この部分は自信がないからあえて言わないようにしようとか、意見の合わない人とはやりあいたくないとか、誰かが迫害してきたり白眼視してくるんじゃないかとか、常に思って震えている。それなのに、Bさんのあの自信は一体どこから来るんだろうか。Bさんは、明らかに自分と考えが違うであろう相手に対し、どうしてあんなことを滑舌よく爽やかに次々とまくしたてられるのか。

Bさんは自らの中にゆるがない神を持っているのだ。実際の宗教ではなくても、あれだけの信心はほぼ宗教的なものである。これは何があっても正しい、誰にとっても正しい、と考える基準が彼の中にある。いずれは誰もが当然にこのことに気づくはずで、その考えを広めることは善だ、と思っている。

絶対的に正しいものは、自分を救ってくれる。悩み、迷いそうなとき、絶対的に正しい基準に寄り添えば自ずと答えは見える。楽だ。神がいればきっと生きやすい。

Bさんの例はちょっと極端ではあるけど、ある人にとっては推しのアイドルや俳優が神であることもあるだろう。彼氏や彼女や夫や妻、あるいは親がそうだという人もいるかもしれない。推しの有名人が不祥事で責められていても、盲信するファンがまず「そんなわけがない」から入るのはそれが神だからである。

私に神はいない。ずっとそう思っていた。今も思っている。

私はそういったものを幼い頃から徹底して持てず、何かを絶対的存在に据えたり、縋《すが》る存在を持ちつづけたりできる人のことがうらやましかった。うらやましいので悔しく、そんなものに頼らずともどうにか乗り切ってやる、と意地になっていた。

私にそんな存在がもしあったなら、と考える。考え方の支柱のようなもの。それはもしかしてフェミニズムと呼ばれるものか。

フェミニズムとかフェミニストという単語に出くわすときに、どうもトランスジェンダーである私は晴れやかな表情をしていないだろう。

ついでにいえばいま「トランスジェンダーである私」と書いている瞬間の私は、晴れやかでないどころか泣きそうな顔である。

ほかのマイノリティ性と安易に比べてはいけないけれども、ちょっと迂闊に書かせてもらえば、例えば多くのマイノリティ性を帯びる民族、出自、障害、セクシャリティなどについては、コンプレックスに思っていたとしても、その考えをなだめすかしたり飼い慣らしたりして、むしろそのマイノリティ性を誇りに思って属性を肯定するという形が一つの到着点になる。○○で何が悪い、○○でいいじゃないか、○○は（ほかと同様に）すばらしい、という開き直り方が求められる。そして、その属性や指向性やコミュニティ自体がなんらかの強い拠りどころになるということが、正しいあるべき姿として定められているように感じる。だからこのとき、そのマイノリティ性は神にもなりうる。

しかし少なくとも私はトランスジェンダーなる呼称・属性には何一つ帰属感などどなければプライドもない。プライドなど持つつもりがない。憎むべき対象でしかないのである。というか、自分に限ってはこうして属性を憎みつづけること、「こんな自分がいやだ」と思いつづけることそのものが自分のマイノリティ性と強く結びついている。あらゆるセクシャリティを尊重するフェミニズムの志向性とは、この点がどうしても食い合わせが悪いように感じて、自ら身を引きたくなってしまう。

さらにいえば、ことトランスジェンダーに関しては、フェミニストを名乗る人たち（当人の自覚としてはフェミニズムを強く志向し、積極的に自称する人が多い）が露骨なトランスヘイトの言説を弄している例がそれなりの厚みで見受けられてしまう。私が「料理が苦手だから、しない」となにげなく自嘲気味に言ったことに対して、あるフェミニストを名乗る人が「やはり男性だからだ」などと平然と突き刺してきた、そんなねじれたことが起こっている。ピリオドでも打つように、でも男性として育ってきたんでしょ、と、刺してくる。そんな言いぶりはフェミニズムではない、と蹴散らしてくれる方もきちんといるものの、それでもそれなりにエンカウントしてしまうので、やはり景色が遠くなる。

そんなわけで、フェミニズムにまつわることを発するとき、私の口は重たくなり、キーボードを打つ指はからまる。こんな話を書くときに私はなかなか明るい気持ちになれないので、……

書いていて疲れてきてしまった。

あんまり考えがまとまらないんですよ。すっきりと整理して考えられる事柄ではない。

だから、このテーマ、はっきり言って、とても苦手なのだった。苦手なのに受けてしまった。

それでも私はフェミニズムに期待しているから引き受け、〆切を月単位で延ばした。それでも書いた。私を入れてほしいから。


子供の頃からの、恋愛至上主義への疑問。

中学校の「男子は丸坊主」という理不尽な校則に抗議していたら涙が溢れてきたこと。

高校の同級生の、東大合格ほぼ間違いなしという成績トップクラスの女の子が、実家から通える地元の大学に進んだこと。

最初に入った会社で、幹部社員が女性の新入社員だけを集めて行う飲み会があり、それを知った同期どうしで、陰で幹部を「気持ち悪い」とけなして笑い合ったこと。

「男が女らしく（逆もまたしかり）してもいいじゃん」なんて安易に言われることと自分の存在の矛盾。

テレビバラエティを見ていて、ふと画面が男性芸人ばかりで異様だなと思うこと。

私はフェミニズムとの出会いなんてよく分かんないな。でも、自分の歩みをなぞったら、ずっとかすめてきてはいたのだろうと思う。名前のついたものとして出会ってない、たぶん形なく自分の中にあったもの、それを愛でるための名づけがあればそれなのかもしれない。でも、自分の中に一本の強い柱としてはまだ存在していない。私にはそれがないから打たれ弱い。

少し歩けば、悪気もなく振り回しているこぶしがバンバン腹に当たってきて内出血だらけである。異様な神に仕える人たちに直面する機会が急増しつつある。でも、ちょっと話した相手の喉の奥にフェミニズムの形が見え隠れしたとき、それは一気にこちらが飛び込めるクッションになる。そんなふうに安心したことが何回もある。

私にとって、神とまで言えなくても、ちょっとね、一方的に頼ってもいい存在があったほうがいい。強情に育ってきた私が心を許す相手として、フェミニズムを私のそばに引っぱってきて仲良くしたい。

わたしが千なら、フェミニズムはハク。

長島有里枝

しばらく、フェミニズムとの快適な距離感がわからなくなっていた。パッと言葉にできるほど簡単じゃないこの気持ちは、学校に行かなきゃと思うのに布団から出られない、もしくは遅刻しそうで焦っているのに戸締りや忘れものを確認しに家に戻ってしまう、あの感じに似ている。

きっかけは幾つか思いつく。わたしを苛《いら》つかせ、戦慄させ、疑問でいっぱいにしたのは例えば、アートの企画で常に「フェミニズム担当」を任される違和感。あるいは、男ばかりの審査会や講評で、発言が「女性の」意見と受け取られること。期待に応えるつもりはないのに、「わたしがやらなきゃ」みたいな自負がどこからか現れ、結局は優等生っぽい(「女性ならでは」の)リアクションをしてる自分に呆れ、惨めな気持ちになる。フェミニストだからっていつも連帯できるわけじゃないけど、ネットで激しくやりあう人たちには心が折れる。いや、きっと議論や批判自体は大いに交わされるべきだ、でも、そんなふうじゃなくてもよくない？　と思うことはある（オーディエンスがいるときは特に）。フェミニストの名言やフェミニズムそのものが、広告や人気集めやプロパガンダに使われている場面（しかも、解釈が間違っているか、意味が正反対のことがほとんど）にぶち当たるたびうんざりし、どっぷり疲れる。

個人的に、戦争や差別や不平等の解決策として最も有効なのはフェミニズムだと思ってきた――そんなに期待すんなよぉ、と別のわたしがTシャツの裾を引っぱりながら忠告してくるにも拘わらず。そう、いつだって失望するのは過度な期待のせい。それに、わたしを苛つかせるのはフェミニズムそのものじゃなく、フェミニズムを利用する人たちだ。フェミニズムの力は、もっと違うことに使われて欲しい。フェミニズム理論の幾つかは、崇拝しすぎないよう気をつけなくてはならないほど美しい。それらは積もりに積もったわたしの小さな問題――自分がバカなだけかもとはぐらかし、きっとわたしが悪いんだと諦め、飲み込んできた――を見事に言い当て、違和感がわたしの勘違いじゃないことを論理的に、スマートに、知的な言葉で説明してくれた。フェミニストの本に書いてある言葉は、自信がなく、落ち込みやすく、クヨクヨしがちなわたしに前を向く力をくれた。ときどき、こんな素敵な考え方があるのに、どうしてムカつく出来事はなくならないのか考える。きっと、わたしが死んだあとも何百年、何千年、人類が存在し続ける限り、クソな事態はなくならないんだ。そう思って絶望する日もある。自分の望む結果がすぐに出ないからといってやさぐれるのは、ぜんぜんフェミニズム的じゃない。でも「世界、気に食わねぇ！」と思うことはあっていいいし、それはわたしの性格や育ちが悪いから（まぁ、それもある）じゃないよと励ましてくれるのもフェミニズムだ。

上野千鶴子さんに、あなたは根っからのフェミニストね、という意味のことを対談で言われたことがある。褒めてもらったからじゃなく、こっそり自負していたことを言動から見てとってもらえたことが嬉しかった。それ以来、そもそも自分がフェミニストなのかどうか、そうだとしたらいつ、どのタイミングでフェミニストになったのかのような質問に答えづらいと感じるのは、自分がBORN TO BE A FEMINISTだからだと思うことにしている。保育園時代の記憶に遡ってさえ、わたしの考えかたはフェミニスト的だった。子どもに昼寝をさせるためには恫喝も厭わない担任の先生に対し、泣き止まないことで断固抗議した記憶（結局、体調を崩して保育園を辞め幼稚園に移った）、幼馴染みと同じように立っておしっこがしたくて練習した記憶。言うことを聞けとか、女の子だからとか、理由が納得できないことは簡単に受け入れたりしなかった。

そのうえ、3月生まれでもある。学校は子どもを「学年」という枠で区切る。3月生まれにとって、同じクラスの4月生まれとの成長の差は残酷なほど大きい。クラスいちのベイビーだったわたしはいつも、どこでも誰よりも鈍臭かった。身支度から徒競走まで、身体的行為を伴うすべてのことが人よりできない。大きい女の子の意地悪に言い返せず、ピンク・レディーごっこではいつも付き人役だ。掃除の時間になってもヤドカリみたいに、身体と一体化した椅子と机を引きずりながら給食を食べる。でも、その経験は、なにかが苦手な人や遅い人、力が弱い人、動物、その他の存在に理解を示し、寄り添おうとする性質を育んだと思う。

当時から自分が「女」であることを、よく理解していた。なぜなら、周りが逐一わたしをそう扱うのに気づいていたからだ。昼休みや放課後に男子と遊ぶと、自分だけ違うやり方で接されているのがわかる。彼らは優しいが、わたしを正式な仲間とは認めていない。それなら女子は仲間かというと違う。彼女たちは気まぐれにわたしをハブる、謎の存在なのだった。帰属できる集団がわからないまま、「女」になっていく自分に恐怖や気持ち悪さを覚えながら成長した。1980年代後半、わたしの生きていた小さな世界では、いまほど多様なジェンダー・アイデンティティは「存在しない」ことになっていたから、性自認が「女」じゃないならその人は「男」、だから性的対象は「女」というのが一般的な知識だった。男の子みたいな体つきでいたかったわたしはブラを拒んでダイエットをし、セックスは気持ち悪いと思いながら、子どもを2人産みたいとも思っていた。18歳の終わりにはすっかり自分がわからなくなり、わたしにはなんの価値もないという考えから抜け出せなくなった。19歳でシモーヌ・ド・ボーヴォワールと臨床心理士に出会い、美術と向き合うことで絡まりまくった糸をちょっとずつ巻き取り始めて今に至る。

いまでは多くの人が、フェミニズムは女性だけのものじゃないし、女性の問題だけを扱っているわけでもないと主張している。ベル・フックスは、論文では扱いづらい「愛」の重要性を訴えているし、ジョアン・C・トロントは経済活動の代わりにケアを中心に据えた、新しい民主主義を提案する。社会に出た1990年代、わたしは「失われた10年」のXジェネレーションと呼ばれた。いま、あの頃よりさらに多くの人が、さらに少ないお金と時間をなんとかやりくりして暮らしているように見える。じっとしていても世界中から届く大量の情報が、わたしの心と身体をフリーズさせる。わたしたちは簡単に奪われるし、大切なものを間違った名前で呼んで、自ら捨ててしまいもする。つまり、わたしが千なら、フェミニズムはハクだ。

自分を慈しみ、楽しみながら生きられる世界を目指して働こうと思えるのは、フェミニズムという学問や運動を発展させたフェミニストたちがいたからだ。人生を賭けて活動した彼女たちのおかげでいま、挫けそうになってもわたしは一人じゃない。

ハッキリ答える前に

武田砂鉄

この原稿の依頼文にあった企画概要欄に「あなたのフェミはいつ、どこから始まりましたか?」とあった。「えっと、そうですね、自分のフェミが始まったのは……」なんてスラスラ話し始めたとしたら、そんな自分はだいぶ怪しい。記憶をたくさん消して、強引に整理して、今の自分の立ち位置を編集しているに違いない。

出版社で10年働き、ライターとして独立して10年、これが自分の大雑把な社会人としてのキャリアだが、様々な光景や声を見逃してきた自覚がある。たとえば、社会正義を語るジャーナリストのイベントに参加して、打ち上げに顔を出したら、その人の両隣には「かわいい子ちゃん」(と周辺の人が呼んでいた)が座り、お酌させ、落っことした箸まで拾わせていた。他社の女性編集者から、男性上司がやたらと自分を出張に連れていく、やんわり拒否しても、あの先生を紹介したいのはキミに期待しているからと言ってきて断りにくいとの悩みを聞かされた。編集担当でもないのに著名な男性小説家が舞台鑑賞に誘ってきて、出版社にとっても大きな存在なのでひとまず一緒に観に行ったのだが、毎月恒例みたいになってしまい、とても嫌な気持ちになるし行きたくない。そういう場面を見たり、訴えを聞いたりしてきた。で、自分が何をしてきたかといえば、頷きながらも見逃してきた。

自分には、見逃せる優位性がある。許せない、それは大変だ、と思う。でも、思うだけで終わらせてきた。終わらせて、いつも通りの生活に戻る。185センチの大男は日常生活を歩む上での困難が少ない。ある程度遠くに自分の姿を発見した人は、すれ違う前に自分を避ける準備を始めてくれる。満員電車では頭ひとつ出ているので新鮮な空気が吸える。誰もいない薄暗い通りでも、特に危険を感じずに歩くことができる。ハッキリとは可視化されないが、自分に初めて会った人は、親しみやすくはない雰囲気や大きな図体を前にして、その場で伝えたいことをできるだけ柔らかく、シンプルに、煩雑にならないように努めるのかもしれない。わかりやすい威圧感は出していないつもりだが、威圧感は感じ取る側の判断によるものなので、「ほら、自分って、威圧感ないでしょ?」こそ威圧感である。

自分のフェミがいつ始まったのかはわからないし、始まっているかどうかも定かではないが、編集者はこの原稿を森喜朗や麻生太郎には依頼しないはずなので、この人は始まっている、と感じ取ってくれているのだろう。自分は子どもの頃から物事を客観視する癖があり、親はあまりに冷静な子どもだと心配していたらしい。4つ上に兄がおり、この兄が天真爛漫で喜怒哀楽が激しく、自分は、泣いたり笑ったりしている兄をじっと眺めていたという。さすがに3歳くらいの記憶はないのだが、親に言わせれば、心ここにあらずって感じで落ち着いていたとのこと。もちろん、転倒して膝を擦り剝けば泣くし、サンタクロースがプレゼントをくれれば喜ぶ。いたずらも仕掛けたし、仲間外れにされて悲しい思いもした。でも、基本的に落ち着いていた。

落ち着くためには、「そうか、今、こういう感じか」と物事を俯瞰する必要がある。その習得は早かったし、今に至るまで強化され続けている。強化され続けるあまり、何かに没入して、喜びを分かち合ったり、怒りを共有したり、思いっきり悲しみを表現したりすることが少ない。何があっても、すぐに外からの目線が入ってしまう。今、ここで、こんなことをしたら、あそこにいる人がああやって思うんじゃないかな、だからやめておこう。そういったカメラの切り替えが瞬時に行われる。我を忘れる経験に乏しい。我が常にあるのだ。もっと正確に言うと、「我を忘れていない状態を常に確認し続けている我がいる」って感じだろうか。

中学サッカー部時代、背が高いという理由でゴールキーパーを選んだのだが、背が高いだけでは使い物にならず、3年間ずっと控えキーパーだった。週末や夏休みになると、引退した先輩たちがこぞってやってきて、使い物にならないキーパーを罵りながら、強いシュートを打ち続けてきた。17歳くらいにとって、25歳前後くらいの人ってとにかく大人なので、そんな大人から「てめー、こんなのもキャッチできねーのかよ」と罵られ続けるのはしんどかった。いや、しんどかったのは表面上だけで、心の中で何を思っていたかというと、「直接の後輩でもないのに、どうしてそんなに強い言葉をぶつけられるんだろう。っていうか、休みの日に、他にすることないんだろうか。いつも練習が終わったら、今日来たみんなでお酒を飲みに行っているみたいだけど、そっちだけ参加してくんないかな」だった。そう思いながらも「っせーん!(すみません、の略)」と声を出していた。早く終わらないかなと、グラウンドにある時計をチラチラ見ては叱られていた。

こういう客観性、カメラの切り替えによって、相手をさらに怒らせたり、あるいは獲得できたかもしれない信頼を取りこぼしてきたりしたのだろうが、露骨にマッチョな人間にはならなかった、とは思っている。男たちの群れの中で結束に酔いしれ、たまらなくサイコーだぜってな場面からは、できるだけ距離をとってきた。もしかしたらそういう場かもしれないので行かないようにしようと、あらかじめ判断する嗅覚もついてきた。

でも、その嗅覚って、自分を守るためであって、ジェンダーギャップが激しい日本社会、「ジェンダーギャップが激しいだなんて言ってるけれど俺たちのほうが大変なんだよ」とか言い始める社会構造を変革させるものではない。数年前に、日本社会に根付いている男性優位性について、様々な現場に出向いて取材したり、話を聞いたりした『マチズモを削り取れ』という本を出したのも、自分を守るためだけの嗅覚でいいのかよ、との疑いがあったからで、ありがたいことに多くの人に読んでもらうことができた。

届く人には届く、届かない人には届かない。万事に共通する定義だが、ネット書店でこの本のレビュー欄にある「星1つ」をチェックしてみると、そこには「別に女性があらゆる面で活躍するのを礼賛するのは構わないが、そのために男性性を全否定する必要はないはず。時流に乗った無責任さが気持ち悪かった」「よくあるフェミニスト本のふりをした愚痴本。女性の自慰行為には使えると思う」（引用者にて明らかな脱字を補足した）などの声も並んでいた。

この手の声には慣れっこである。とにかく、男性全体の話をしているわけではないのに、自分が言われたと思って不快になり、男性を否定するな、女性ばかり持ち上げるな、とまとめる。何のために取材して個別事例を並べたかといえば、「男性はよくないよね」ではなく「男性のそういう言動はよくないよね」と伝えるためだったのだが、どんなに慎重に言葉を重ねても、「俺が言われた」と受け止める人がたくさん生じてしまう。

少し前に、ある政党がこれまでの総裁経験者を並べたポスターを作り、その上で次は誰になるのか、選挙に注目してください、とアピールを繰り返していた。ポスターに対して、ニュース番組に出演した女性のコメンテーターが「おじさんの詰め合わせ」と、確かな事実に、ちょっとした皮肉を盛り込んだ形容をしてみたところ、そこに詰め合わさっているわけではない男性たちが、なかなかの勢いで怒り出した。これほど圧倒的な権力を感じるポスターもないわけだが、そこに対して違和感を表明したら、詰め合わせの外から苦言が飛んだ。拙著に対するコメントにあったように、こうして、すぐに「男性性を全否定する必要はない」みたいな方向に転がっていく。いや、おまえのことじゃないんだけど。

ここに欠けているのは客観性だ。少しの客観性があれば、自分のことではないよねと気がつけるのだが、何度繰り返してもこの手の声が出続ける。「自分のことではないよね」と理解するためには、「これは自分のことなのかもしれない」と疑い続ける必要がある。それはもちろん、「男性性を全否定するな」ではない。これがなかなか伝わらない。

「あなたのフェミはどこから?」に対して答えるならば、「あなたのフェミはどこから、と聞かれたとしても、饒舌に語り始めるのではなく、本当にそんな問いに答えられるのだろうか、あの時はどうだったか、この時はどうだったか、そして、今はどうなのか、疑い続けながら、その都度考えてみる」に行き着く。長ったらしい答えだが、短くしないほうがいい。

「どこから?」と聞かれても、「ここからです!」とハッキリ答えずに、その都度考えるしかない。集団ではなく、個人のこととして。男性全体ではなく、自分自身のこととして。

執筆者プロフィール

安達茉莉子（あだち・まりこ）
作家・文筆家。東京外国語大学英語専攻卒業、サセックス大学開発学研究所開発学修士課程修了。政府機関勤務、限界集落での生活、留学などを経て、言葉と絵による表現の世界へ。著書に『毛布─あなたをくるんでくれるもの』（玄光社）、『私の生活改善運動 THIS IS MY LIFE』（三輪舎）、『臆病者の自転車生活』（亜紀書房）、『らせんの日々――作家、福祉に出会う』（ぼくみん出版会）などがある。
X：@andmariobooks
Instagram：@andmariobooks

松尾亜紀子（まつお・あきこ）
エトセトラブックス代表・編集者。1977年長崎県生まれ。編集プロダクション、出版社勤務を経て2018年に独立し、フェミニズム専門の出版社エトセトラブックスを設立。年2回発行する雑誌『エトセトラ』のほか、小説、児童書、研究書などを刊行。2021年から同名のフェミニスト書店をスタート。性暴力に抗議する「フラワーデモ」発起人のひとり。

森山至貴（もりやま・のりたか）
早稲田大学文学学術院教授。専門は社会学、クィア・スタディーズ。1982年神奈川県生まれ。著書に『「ゲイコミュニティ」の社会学』（勁草書房）、『LGBTを読みとく――クィア・スタディーズ入門』（ちくま新書）、『10代から知っておきたい あなたを閉じこめる「ずるい言葉」』『10代から知っておきたい 女性を閉じこめる「ずるい言葉」』（WAVE出版）、共著に『慣れろ、おちょくれ、踏み外せ――性と身体をめぐるクィアな対話』（朝日出版社）などがある。
X：@sankaku_queer

高島鈴（たかしま・りん）
ライター、アナーカ・フェミニスト、パブリック・ヒストリアン。1995年生まれ。著書に『布団の中から蜂起せよ――アナーカ・フェミニズムのための断章』（人文書院）、共編著に『反トランス差別ブックレット　われらはすでに共にある』（現代書館）がある。ほか、『ヒップホップ・アナムネーシス』（新教出版社）、『療法としての歴史〈知〉――いまを診る』（杉浦鈴名義、森話社）に寄稿。
X：@mjqag
Bluesky：@mjqag.bsky.social

石原真衣（いしはら・まい）
北海道大学アイヌ・先住民研究センター准教授。専門は文化人類学、先住民フェミニズム。北海道サッポロ生まれ。著書に『〈沈黙〉の自伝的民族誌《オートエスノグラフィー》——サイレント・アイヌの痛みと救済の物語』（北海道大学出版会）、共著に『アイヌがまなざす——痛みの声を聴くとき』（岩波書店）、編著に『記号化される先住民／女性／子ども』（青土社）などがある。

藤高和輝（ふじたか・かずき）
京都産業大学准教授。１９８６年生まれ。専門は現代思想、フェミニズム、クィア理論、トランスジェンダー研究。著書に『〈トラブル〉としてのフェミニズム——「とり乱させない抑圧」に抗して』（青土社）、『ノット・ライク・ディス——トランスジェンダーと身体の哲学』（以文社）、『バトラー入門』（ちくま新書）、共著に『フェミニスト現象学入門——経験から「普通」を問い直す』（ナカニシヤ出版）などがある。

鴻巣麻里香（こうのす・まりか）
ＫＡＫＥＣＯＭＩ代表。精神保健福祉士、スクールソーシャルワーカー。１９７９年生まれ。外国にルーツがあることを理由に差別やいじめを経験する。ソーシャルワーカーとして精神科医療機関勤務、東日本大震災の被災者・避難者支援を経て、２０１５年非営利団体ＫＡＫＥＣＯＭＩを立ち上げ、こども食堂とシェアハウスを運営している。著書に『思春期のしんどさってなんだろう？』『知っておきたい子どもの権利』（平凡社）、『わたしはわたし。あなたじゃない。』（リトルモア）がある。
X：@marikakonosu

上田久美子（うえだ・くみこ）
劇作家・演出家。奈良県出身。製薬会社勤務を経て、２００６年宝塚歌劇団演出部に入団。脚本・演出を手掛けた「星逢一夜」で第23回読売演劇大賞、優秀演出家賞を受賞。ショー作品「BADDY《バッディ》—悪党《ヤツ》は月からやって来る—」、日本物ミュージカル「桜嵐記」などの話題作を手掛け、２０２２年に退団。翌２０２３年に、人間界と植物界の二重構造を描いたスペクタクルリーディング「バイオーム」にて岸田國士戯曲賞にノミネート。同年、「道化師」「田舎騎士道」で初めてオペラ演出。２０２３〜２０２４年、新進芸術家海外研修制度でフランスに滞在。
HP：https://kumikoueda.com
X：@KU_projectumi

小川たまか（おがわ・たまか）
ライター。１９８０年東京都生まれ。Ｙａｈｏｏ！ニュース個人「小川たまかのたまたま生きてる」などで、性暴力に関する問題を取材・執筆。著書に『たまたま生まれてフィメール』（平凡社）、『告発と呼ばれるものの周辺で』（亜紀書房）、『「ほとんどない」ことにされている側から見た社会の話を。』（タバブックス）、共著に『わたしは黙らない――性暴力をなくす30の視点』（合同出版）などがある。『エトセトラVOL.11　ジェンダーと刑法のささやかな七年』（エトセトラブックス）で特集編集を務める。
X：@ogawatam

星野概念（ほしの・がいねん）
精神科医など。１９７８年生まれ。医師としての仕事のかたわら、執筆や音楽活動を行う。著書に『ないようである、かもしれない』（ミシマ社）、『こころをそのまま感じられたら』（講談社）、共著に『ラブという薬』『自由というサプリ――続・ラブという薬』（リトルモア）、『自分のために料理を作る――自炊からはじまる「ケア」の話』がある。

野中モモ（のなか・もも）
東京都生まれ。翻訳者、ライター。訳書にキム・ゴードン『GIRL IN A BAND キム・ゴードン自伝』（DU BOOKS）、ロクサーヌ・ゲイ『バッド・フェミニスト』『飢える私――ままならない心と体』（以上、亜紀書房）、ルピ・クーア『ミルクとはちみつ』（アダチプレス）、ヴィヴィエン・ゴールドマン『女パンクの逆襲――フェミニスト音楽史』（Ｐヴァイン）、ナージャ・トロコンニコワ『読書と暴動――プッシー・ライオットのアクティビズム入門』（ソウ・スウィート・パブリッシング）など。著書に『野中モモの「ZINE」――小さなわたしのメディアを作る』（晶文社）、『デヴィッド・ボウイ――変幻するカルト・スター』（ちくま新書）などがある。
X：@momononaka
Instagram：@tigerlilyland

水上文（みずかみ・あや）
文筆家。１９９２年生まれ。主な関心の対象は近現代文学とクィア・フェミニズム批評。『文藝』と『學鐙』で「文芸季評」を、朝日新聞で「水上文の文化をクィアする」を、柏書房webマガジン「かしわもち」で「クィアのカナダ旅行記」を連載中。『ＳＦマガジン』で瀬戸夏子氏と「ＢＬ的想像力をめぐって」を共同連載中。企画・編著に『われらはすでに共にある――反トランス差別ブックレット』（現代書館）。

X：@mi_zu_a

金井冬樹（かない・ふゆき／旧筆名 カナイフユキ）
長野県生まれ。イラストレーター、コミック作家として活動しつつ、エッセイなどのテキスト作品や、zineの創作を行う。２０１５〜２０１７年に発表したzineをまとめた作品集『LONG WAY HOME』（SUNNY BOY BOOKS）のほか、ケイト・ザンブレノ『ヒロインズ』（西山敦子訳、C.I.P.Books）、レベッカ・ブラウン『ゼペット』（柴田元幸訳、twililight）の挿画などでも知られる。
X：@f_k_offi
Instagram：@fuyuki_kanai

長田杏奈（おさだ・あんな）
ライター。１９７７年神奈川県生まれ。雑誌やwebで美容やフェムケアにまつわる記事、インタビューを手がける。著書に『美容は自尊心の筋トレ』（Pヴァイン）、責任編集に『エトセトラ VOL. ３ 私の私による私のための身体』（エトセトラブックス）。podcast『長田杏奈のなんかなんかコスメ』、ニュースレター『なんかなんか通信』も定期的に配信中。
Instagram：@osadanna

小田原のどか（おだわら・のどか）
彫刻家・評論家、芸術学博士（筑波大学）、出版社代表、横浜国立大学教員。表現の現場調査団メンバー、労働組合プレカリアートユニオン副執行委員長。１９８５年宮城県生まれ。著書に『近代を彫刻／超克する』（講談社）、『モニュメント原論——思想的課題としての彫刻』（青土社）、共編著に『この国（近代日本）の芸術——〈日本美術史〉を脱帝国主義化する』（月曜社）などがある。
HP：https://www.odawaranodoka.com
X：@odawaranodoka
Instagram：@odawaranodoka

松橋裕一郎／少年アヤ（まつはし・ゆういちろう／しょうねんアヤ）
エッセイスト。１９８９年生まれ。高校生のころに「少年アヤ」と名乗りはじめる。著書に『尼のような子』（祥伝社）、『焦心日記』（河出文庫）、『果てしのない世界め』（平凡社）、『ぼくは本当にいるのさ』（河出書房新社）、『なまものを生きる』『ぼくをくるむ人生から、にげないでみた1年の記録』（双葉社）、『ぼくの宝ばこ』（講談社）、『うまのこと』（光村図書出版）、『わたくしがＹＥＳ』（rn press）がある。
X：@ayapi_and_beast
Instagram：@shonenaya_pi

能町みね子（のうまち・みねこ）

1979年北海道生まれ、茨城県育ち。ゲイのパートナー、サムソン高橋氏と猫の小町と暮らす。著書に『言葉尻とらえ隊』『逃北　つかれたときは北へ逃げます』『そのへんをどのように受け止めてらっしゃるか』『正直申し上げて』（以上、文春文庫）、『雑誌の人格』（文化出版局）、『結婚の奴』（平凡社）、『私以外みんな不潔』（幻冬舎）、『ショッピン・イン・アオモリ』（東奥日報社）、共著に『慣れろ、おちょくれ、踏み外せ——性と身体をめぐるクィアな対話』（朝日出版社）、『カウンセリングするつもりじゃなかった——久保みねヒャダこじらせ雑談』（扶桑社）など。ラジオやテレビでも活躍している。

長島有里枝（ながしま・ゆりえ）

写真家。1973年東京都生まれ。1993年、現代美術の公募展URBANART #2でパルコ賞を受賞しデビュー。2001年、写真集『PASTIME PARADISE』で第26回木村伊兵衛写真賞受賞。2010年、短編集『背中の記憶』（講談社文庫）で第23回三島由紀夫賞候補、第26回講談社エッセイ賞受賞。2020年、第36回写真の町東川賞国内作家賞受賞。2022年、『「僕ら」の「女の子写真」から わたしたちのガーリーフォトへ』（大福書林）で日本写真協会賞学芸賞受賞。日常の違和感を手がかりに、他者や自分との関係性を掘り下げる作品を制作しつづけている。著書に『Self-Portraits』『テント日記／「縫うこと、着ること、語ること。」日記』（白水社）、『こんな大人になりました』（集英社）、『去年の今日』（講談社）などがある。

Instagram：@yurienagashima

武田砂鉄（たけだ・さてつ）

ライター。1982年東京都生まれ。出版社勤務を経て、2014年からフリーライターに。新聞、週刊誌、文芸誌、ファッション誌など幅広いメディアで執筆するほか、ラジオ番組のパーソナリティとしても活躍している。著書に『紋切型社会——言葉で固まる現代を解きほぐす』（新潮文庫、第25回Bunkamuraドゥマゴ文学賞受賞）、『わかりやすさの罪』（朝日文庫）、『マチズモを削り取れ』（集英社文庫）、『父ではありませんが——第三者として考える』（集英社）などがある。

X：@takedasatetsu

あなたのフェミはどこから？

2025年4月4日　初版第1刷発行

著　者　安達茉莉子、石原真衣、上田久美子、小川たまか、長田杏奈、
小田原のどか、金井冬樹、鴻巣麻里香、高島鈴、武田砂鉄、
長島有里枝、能町みね子、野中モモ、藤高和輝、星野概念、松尾亜紀子、
松橋裕一郎（少年アヤ）、水上文、森山至貴

発行者　下中順平

発行所　株式会社平凡社

〒101-0051　東京都千代田区神田神保町3-29
電話　03-3230-6573（営業）
平凡社ホームページ　https://www.heibonsha.co.jp/

印　刷　株式会社東京印書館

製　本　大口製本印刷株式会社

ISBN978-4-582-47234-9

【お問い合わせ】
本書の内容に関するお問い合わせは弊社お問い合わせフォームをご利用ください。
https://www.heibonsha.co.jp/contact/